世界智库译丛

主权债务危机

THE SOVEREIGN DEBT CRISIS
PLACING A CURB ON GROWTH

【法】安东·布朗代 弗洛朗丝·皮萨尼 埃米尔·加尼亚 著

江时学 李罡 吴大新 戈毅娟 译

江时学 总校

中国社会科学出版社

图登字:01—2014—0906

图书在版编目(CIP)数据

主权债务危机／〔法〕安东·布朗代、弗洛朗丝·皮萨尼、埃米尔·
加尼亚著，江时学、李罡、吴大新、戈毅娟译，江时学总校.—北京：
中国社会科学出版社，2014.2
ISBN 978 - 7 - 5161 - 3938 - 7

Ⅰ.①主…　Ⅱ.①安…②弗…③埃…④江…⑤李…⑥吴…⑦戈…⑧江…
Ⅲ.①债务危机—研究　Ⅳ.①F810.45

中国版本图书馆 CIP 数据核字(2014)第 025521 号

Translated into English by Francis Wells.
© Copyright 2012, Editions La Découverte, Paris

出 版 人	赵剑英	
选题策划	冯　斌	
责任编辑	陈雅慧	
责任校对	王　斐	
责任印制	戴　宽	

出　　版　中国社会科学出版社
社　　址　北京鼓楼西大街甲 158 号 (邮编 100720)
网　　址　http://www.csspw.cn
　　　　　中文域名:中国社科网　　　010 - 64070619
发 行 部　010 - 84083685
门 市 部　010 - 84029450
经　　销　新华书店及其他书店

印　　刷　北京君升印刷有限公司
装　　订　廊坊市广阳区广增装订厂
版　　次　2014 年 2 月第 1 版
印　　次　2014 年 2 月第 1 次印刷

开　　本　710×1000　1/16
印　　张　11
插　　页　2
字　　数　126 千字
定　　价　38.00 元

本书译者

导言　　江时学
第一章　江时学
第二章　李　罡
第三章　吴大新　戈毅娟
第四章　吴大新
第五章　江时学
第六章　李　罡
结论　　江时学

译者序

20世纪80年代初我到中国社会科学院拉丁美洲研究所工作后不久，墨西哥爆发了债务危机。墨西哥债务危机极大地损害了拉美国家的资信，国际私人银行不再为其提供信贷，外部资金流入量急剧减少。为获得国际货币基金组织的纾困，拉美国家被迫实施以紧缩为主要内容的经济调整。除压缩政府财政开支以外，还大幅度减少进口，以减少经常项目逆差。这一切使得拉美经济增长失去了活力。无怪乎20世纪的80年代被称作拉美的"失去的十年"。债务危机在我当时年轻的学术心灵中留下了阴影。

2008年底，我到中国社会科学院欧洲研究所工作后不久，欧洲爆发了债务危机。与拉美债务危机相比，欧洲债务危机造成的影响似乎更大。欧盟委员会主席巴罗佐甚至认为，债务危机还使欧盟陷入了政治危机和社会危机。

其实，除债务危机、政治危机和社会危机以外，欧盟还面临着财政危机和银行危机。这些危机交织在一起，曾使国际上许多悲观的观察家断言，希腊会退出欧元区，由此而来的多米诺骨牌效应会导致欧元区崩溃，进而使欧盟垮台，欧洲一体化可能会戛然而止。

　　上述悲观的推理未能成为现实，但欧盟的遭遇充分说明，债务问题如果得不到很好的解决，其后果是相当严重的。

　　诚然，债务可以使政府、企业和个人获得从事各种经济活动所需的资金，可以使政府提供优厚的社会福利，可以使企业扩大投资，可以使普通的消费者购买耐用消费品，可以提高人民的生活水平，可以推动经济发展；但是，凡事有利也有弊。尤其在债务负担不断加重时，其副作用是十分危险的。希腊债务危机的主要根源就是政府长期寅吃卯粮，不计后果地举债。2004年，希腊的政府债务相当于国内生产总值的比重接近100%，此后几年稳步上升，至2009年债务危机爆发时已高达130%。

　　德国是欧盟经济的引擎。多年来，德国因其非凡的经济业绩而颇受国际社会的褒扬。毋庸置疑，这一业绩既与其强大的出口能力密不可分，也与其长期奉行的较为稳健的宏观经济政策有关。例如，除维系物价稳定以外，德国还能成功地控制债务负担。

　　在过去的十多年中，虽然德国的负债率均略高于欧盟的平均水平，但德国能使其债务控制在可持续的限度内。英国《金融时报》专栏作家约翰·普伦德认为，这与德国奉行的"金融保守主义"有关。他说"解决欧洲债务危机的德国方案的中心原则是，欧元区其他成员国必须按照德国的正统财政观念和金融保守主义接受改造。债务将被视为不道德的，经常账户盈余是必要的，只有微小的预算赤字才不会受到惩罚，金融创新将受到监管的限制。"他还指出，在德语中，"schuld"一词的意思既是"债务"，也是"责任"和"罪责"。

美国虽然避免了债务危机，但数度政府"关门"却使这个世界强国颜面扫地。一个名叫帕特丽丝·布朗（Patrice Brown）的美国人在"雅虎之声"（Yahoo Voices）网站上发表的一篇题为《政府关门是一种羞耻行为》的文章中说："我对我的国家感到惭愧。"

近几年，中国的债务问题（尤其是地方债务）也引起了国内外的关注。有些悲观论者甚至认为，债务危机就在中国眼前了或是迟早要爆发的。

这样的悲观论调难以成为现实。事实上，根据中国财政部有关部门的计算，目前中国的负债率仅在45%至50%之间，远远低于日本、美国和欧盟的负债率。

本书的三位作者既有深厚的理论功底，又有在金融部门从事实际工作的经验，因此对债务问题有很深的认识和体会。毫无疑问，本书的出版有助于我们在理论上对困扰世界上许多国家的债务问题获得更为全面的了解。

本书第一章阐述了公共债务与私人债务的异同之处以及公共债务的限度。本书作者认为，在发达国家，债务负担的加重主要与公共债务的积聚有关。因为不同国家的公共债务的限度很可能是各不相同的，所以，判断公共债务的限度是否适度，应该从较长的时间来看待公共债务的演变，而不是仅仅从名义经济周期入手。

第二章分析了财政危机与债务危机之间的关系。作者认为，一些经常项目赤字严重的国家吸收了经常项目盈余国家的剩余储蓄。因此，赤字国家进行的政策调整，如削减支出、减少进口，将不利于世界经济的增长。

截至2012年末，日本的公共债务相当于GDP的比重已超过 210%。这一数字是经济合作与发展组织成员国公共债务水平的两倍。

第三章剖析了日本债务问题的来龙去脉。作者认为，虽然日本的债务已超过其 GDP 规模的两倍，但政府仍然在以低利率进行借款。当然，这并不能掩盖今天日本所面临的问题。

第四章论述了美国的债务问题。作者认为，二十多年来，美国吸收了国外的巨额储蓄，维持巨额财政赤字已经成为支撑美国经济的关键因素。由于美国的公共债务具有可持续性，因此现在人们不会对美国经济的未来产生怀疑。

第五章分析了欧洲的债务问题。作者认为，主权债务危机居然在欧元区爆发。这看起来是令人惊讶的。确实，欧洲国家的公共财政常常引起人们的特别关注。一方面，这些国家的政府开支负担比美国或日本的重。但是，在它们创建单一货币时，曾专门制定了限制公共赤字和公共债务规模的规则，以避免爆发预算危机的风险。不幸的是，这些规则没有得到遵守，而且，货币一体化使不同国家的私人行为者的借贷行为出现了预料不到的差异。

在全球化时代，债务问题或债务危机的影响是全球性的。因此，第六章探讨了国际金融体系动荡不安的根源。作者认为，发达国家的主权债务危机也对贸易盈余的新兴经济体产生了负面影响，导致这些国家本币面临升值压力，出口受挫，使其不得不采取扩大内需的政策。因此，紧密的国际经济合作将是防止货币危机和世界经济增长持续放缓的唯一办法。

本书作者在"结论"中提出的这一判断是引人深思的：

如果发达国家希望继续把财政政策当作一种调控经济的工具，那么它们就应该学会如何永远地尊重财政纪律。主权债务危机是检验其能否做到这一点的试金石。

江时学

2013 年冬于北京

目　　录

导　言

　　长期以来，世界上所有发达国家的主权债券一直被认为是安全的，但这样的日子一去不复返了。2012年初，希腊公共债券的持有者不得不放弃其价值的一半。而且，自2010年中期开始，在一些欧元区国家，债券的价格开始大幅度波动。波动的趋势常因评级公司宣布其信用级别的下调而加剧。这同时也意味着，这一严重的危机也影响了欧元区以外的其他发达国家。

　　2008年秋，西方金融体系的爆炸使私人举债的增长趋势趋于停滞，从而使各国面临着全球性需求崩溃的风险。为避免这样的风险，它们允许预算平衡不断恶化。这一做法为主权债务危机埋下了种子。在储蓄极为充足的条件下，政府的举债替代私人部门的举债是一个正确的行为。公共债务发挥了调节的作用，吸纳了多余的储蓄，以避免其经济活动萎缩（见第一章）。

　　但是，在必要时，政府仍然必须有能力恢复储蓄。这就是发达国家面临的现实问题。在许多国家，债务水平业已居高不下，经济增长的长期趋势并不喜人，而人口的老龄化使社会开支不断扩大。面对这一局面，许多国家无法在不损害其资信的条件下维系巨额预算赤字。然而，在私人储蓄仍然过多的条件下通过减少公共财政逆差的方法来遏制这些国家的债务快速增长的势头，必然会影响经济活动（见第二章）。面对这一难堪的局面，不同的国家采取了不同的战略。日本和美国的做法是优先考虑恢复经济增长，而欧元区国家则喜欢恢复预算的均衡。

日本的情况明显地表明了前一种战略的风险（见第三章）。日本面临的形势已有20余年，许多其他发达国家目前也面临着类似日本的形势。为了使其经济走上增长的轨道，日本当时使用了财政政策，但从未成功。自那时起，公共债务持续扩大。2013年初，日本的预算平衡形势在所有发达国家中是最差的。安倍首相宣布的激进改革似乎并没有快速改变局面。确实，只要放债仍然是日本过度的私人储蓄首选的出路，日本就能以低利率举债。但是，自2010年代中期起，随着过度的家庭储蓄的消失，政府将不得不实现其预算的平衡。由于减少开支的可能性不大，预算的平衡只能通过大幅度而持续的增税来实现。如果政府没有勇气提出增税，如果国会没有勇气接受增税，那么，在过去20年中危害日本的陷阱最终会被填平。

美国的赌注是力图避免这一陷阱（见第四章）。美国联邦政府认识到，因为大量私人债务消弱了货币政策的大部分影响，从而难以刺激经济增长，所以，联邦政府决定维系对预算的支持，直到最终能出现增长，尽管与此同时债务负担会加重。就近期而言，事实上政府能稳定其债务负担，最显而易见的条件是国会必须拥有这样的意愿。主要的风险是经济增长长期低迷。如果情况是这样，最可能发生的后果是：美国债券持有者（至少一半的债券是在美国以外）的担忧就会压低美元的币值。但是，即便经济能恢复到增长的轨道，还存在另外一个风险：由于缺乏有力的改革，社会开支的负担将增加，从而极大地损害预算平衡。对于美国政府来说，为使人们不对美国的资信产生担忧，最好的方法是尽快宣布社会计划的改革。

欧元区国家走的路很快就表明是危险的（见第五章）。金融危机爆发后，作为一个整体的欧元区的财政形势却比其他发达国家好，只有一个成员国的财政形势是灾难性的。政府无法在团结与避免道德风险两者之间寻求平衡，因此，它们不得不听凭传染效应的动力随意加大。这使得一个又一个政府不得不尽快遏制或减少其公共债务负担。这戏剧性的一幕已促使欧元区国家不得不表明，它们的财政团结是有力的。这会不会使其为了统一管理其经济形势而采用一种更为有利于经济增长的方法？为了实现这一目标，它们应该接受这一想法：尽管预算纪律是必要的，但无法确保经济增长。

姿态的变化更为合适，因为欧元区危机的后果已波及其他地区。发达国家主权债务不再是"无风险"的，因此欧洲债务危机损害了全球化金融体系以及金融中介吸纳风险的能力，也减少了储蓄在国际范围内的转移。在一个"人人为己"的世界经济中，对经常项目失衡的制约很容易损害国际上的货币稳定（见第六章）。我们尚未听到债务危机得到解决的好消息。

第一章 公共债务与私人债务

在进入 21 世纪的第一个 10 年，许多国家的政府抵御经济萧条的努力导致财政赤字急剧增加。这样一种反应被视为"借钱求出路"，其结果必然是经济更为萧条。过度地增加私人债务的同时也过度地增加公共债务，能否使世界经济回归稳定增长之路？这一疑虑至少在一定程度上与误解有关。诚然，进入 21 世纪后债务的增加是令人担忧的。但我们不应该无视这一点：至少在发达国家，增加的债务不再是私人债务，而是公共债务。与常识相反的是，我们在分析与主权债务相关的风险时，不能采用分析私人债务的方法。主权债务与私人债务的性质以及制约债务增加的因素是各不相同的。

第一节 公共债务的特性

有人始终认为，政府不应该"寅吃卯粮"，因为公共债务的积聚必然会使经济窒息。亚当·斯密曾经作出过这样的预测："毁灭每一个伟大的欧洲国家"的正是"巨额债务"。李嘉图更为现实地指出，英国应该拒绝偿还其在拿破仑战争中积聚的一部分债务（Gordon，1987）。

Macaulay（1871，p. 261）在其《英国史》中指出："尽管债务在增加，但破产和毁灭似乎依然很遥远。"他进而指出："他们错误地认为，一个人欠另一个人的债与一个社会欠这个社会的某个组成部分的债是一模一样的。"在熊彼特看来，经济学家一直有这样一种观念：公共财政应该被"一个好管家"管理。熊彼特认为，这些经济学家的观念"日益受到了不喜欢铺张浪费的资产阶级思想的影响"（Schumpeter，1954，p. 310）。

事实上，政府债务与私人债务之间存在差异。这种差异首先表现在，政府债务的持续时间是无限的，即政府可以年复一年地举债，用新债偿还旧债，似乎"铺张浪费"不会导致灾难。在经济规模和利率不变的条件下，从这一代人转移到下一代人的债务将是永恒不变的。如果经济在增长，公共债务的绝对规模会扩大而不会使每一代人的债务负担增加（唯一的条件是债务的增长速度不会超过经济的增长速度）。

政府课税

第二个差异与借债的动机有关。政府举债的目的与个人举债的目的不同。缺乏资金的家庭不必等到拥有足够的储蓄后才去购买某一商品，它可以通过举债的方式来达到这一目的。借债相当于提前使用未来的收入：人们未来可以动用这笔收入来偿还债务。债务负担不重的企业可通过举债来增加投资，以便在未来获得更多的收益。未来的收益可使企业按时还债。但是，无论是家庭还是企业，都无法预料未来的收益有多少。由于缺乏储蓄，家庭和企业要在今天购买其需要的一切，就不得不借债。如果明天这个家庭的收入因失业而减少，它就会面临偿债的困难。如果企业的投资决策出现失误，它也会无法偿债。

相比之下，政府处于一种特殊的地位，至少在一般情况下它能够决定未来的收入有多少，因为税收的多少取决于它确定的税率的高低。这意味着政府拥有一些私人行为者无法拥有的对收入加以控制的权力。此外，政府之所以在某年举债，基本上是因为议会决定征收的税款少于预算的开支。那么什么因素可能影响政府作出借债的决定呢？

第一个可能的原因与这一开支的性质有关，尤其与投资有关，因为投资的效果不是在第一个财政年度体现出来的。这一投资的一部分会对生产产生直接影响，因为它会增加经济的市场产量潜能，从而为在税率不变的条件下获取更多的税收创造条件。为加快投资，政府会举债（这一方式与企业类似），这一债务将在今后用期望收益来偿还。另一种公共开支与严格意义上的生产性投资不同。这种投资的效果不仅会影响今天的纳税人，而且还会影响未来的纳税人。政府以举债的方式来抵消这部分公共开支，从而可将负担分摊到相关的纳税人身上。

第二个原因可能与政府调节经济的作用有关。与家庭和企业不同的是，政府不仅要管理自己的财政，而且还要使经济能够正常运转，因此政府的财政政策非同小可。如果有些私人行为者的储蓄多于其他行为者的投资，那么整个需求就会放慢增长速度，甚至萎缩，螺旋型的衰退就会出现。为避免这一风险，政府的开支必须大于其收入，政府可能会用降低税率的方法使其收入的增长速度慢于开支的增长速度。在这种情况下，政府必须举债，其目的不是为投资融资，而是为了支持经济活动。显而易见，一旦衰退的风险消失，经济活动的复苏得到保障，政府就会执行相反的政策，使开支的增长慢于收入的增长，即用提高税率的方法增加政府的收入。通过这种方式，所产生的债务能被偿还，稳定的政策也不会使公共债务增加。当然，如果经济面临连续不断的冲击，或在经济活动繁荣时政府"忘了"创造足够的盈余，以偿还此前积聚的债务，那么情况就大不相同了。

政府举债的第三个原因是"被动性"。除了上文所说的投资和公共开支跨期时间长和经济管理方面的原因以外，政府没有理由举债，因为在通常的情况下，政府只要通过课税就能避免举债。显然，这一假设的依据是：同意本年度"财政法"的人希望增税，而谁都知道选民是不喜欢增税的。这意味着，公共财政赤字扩大的压力是很强大的。不幸的是，公共债务与私人债务之间的第三个不同之处（即政府拥有获得资金的特殊方式）助长政府这种被动性举债的行为。

政府发债

政府拥有一种任何一个"好管家"都无法拥有的特权，即发债。就此而言，政府发行的债务拥有"法定货币地位"的特殊性，即在任何交易中都可被接受，至少在其主权领域内是如此。因此，政府可以用它自己发行的货币偿还债务。正因为如此，政府的债务在原则上是受到保护的，不会被赖账。政府最终总是能够要求主管发行货币的公共机构（即中央银行）为其提供资金，用于偿还到期的债务（或认购为提供必要的流动性而发行的债券）。但是，正如过去在多个国家发生的那样，如果政府用这一特权使财政预算赤字的水平超过经济的生产能力，其结果必然是价格上涨。如果不为终止这种"货币化"采取必要的措施，历史表明，通货膨胀会成为一个越来越严重的问题，从而导致经济和社会陷入灾难性的困境。

在大多数发达国家，这样的经验教训不少，因此现在中央银行的首要任务是实施各种政策，确保价格稳定。出于这一目的，中央银行会定期根据经济形势审视货币发行的条件。事实上，中央银行的负债决定了一个经济所需的货币的数量（其狭义是指基础货币）。这些负债包括每天的交易所需的货币以及银行存放在中央银行的用于清算同业银行交易的存款（储备金）。

今天，原则上来说，中央银行注入货币的行为是独立的，不受政府融资需求的影响。即便如此，在一定程度上，货币的发行也能为弥补公共财政赤字提供便利。尤其在中央银行喜欢通过购买公共证券的方式发行货币（从而增加其负债）的情况下，更是如此。例如，美国联邦储备收购国债的数量与流通领域中美元的数量完全相等。对货币的需求由美国不同货币区域的有关清算规则决定（也可能由囤积的货币决定）。在一些国家，货币的发行由公共证券担保。在这些国家，政府举债的数量可达到中央银行发行货币的数量，不必说服任何一个私人行为者去承购债务。由于中央银行的负债无利可图（就货币而言），或收益不多（就储备金而言），因此，政府能从"印钞票"的权力中获得经济上的好处（即铸币税）。

也有例外，一个特别的案例就是，欧洲中央银行的法律在原则上规定它不得购买成员国发行的债券。这意味着欧元区成员国的政府无法获得其债务的"最后的购买者"地位，也无法获得与维系经济的正常运转所需的现金平衡有关的融资便利。

为了更好地了解最后一点的意义，我们必须指出，虽然欧洲中央银行不能购买成员国的公共证券，但它能接受这些证券，将其作为放贷行为的担保。它用这一方法满足对流动性的需求。通过低成本"借"进放贷出去的资金这一方式，欧洲中央银行能获取一笔收益。这一收益被退回给成员国。这一"资格"使公共证券获得了一种特殊的吸引力，赋予其特殊的地位，这一地位即使不是直接与中央银行自己的资产有关，至少也是与通过中央银行融资的机构有关。

但在大多数发达国家，这一与发行货币相关的优势能发挥的作用较为有限，因为支付手段的现代化已极大地减少了中央银行货币的需求规模。随着时间的流逝，国内生产总值与流通领域中货币的比率呈现出下降的趋势。在2010年代之初，美国的流通领域中的货币相当于国内生产总值的7%，欧元区为9%，而同一数据，中国为15%。私人行为者对交易平衡的需求（在很大程度上也是对预防性平衡的需求），是其对公共债券提出的结构性需求的根源。事实上，这些平衡在很大程度上是以商业银行的存款形式存在的。鉴于银行应该保护储蓄的流动性和整体性，因此它们会尽量管理好自己承担的风险，将资金投入流动性好、安全的资产（如公债或政府担保的债券）。与此同时，至少在实施巴塞尔协议Ⅲ之前，审慎的规则使其向这个方向发展，在欧洲更是如此。根据这些审慎的规则，发达国家的公共债券的信贷风险权重被确定为零（意味着它们被视为无风险）。

　　因此，这些证券（尤其是最大的发达国家发行的证券）在全球化金融体系中发挥着特殊的作用，即它们是无风险的资产。这一特殊性使它们得益于银行的不断扩大的需求，也得益于世界各地需求"无风险"资产的货币当局。在 2012年底，中央银行的外汇储备主要投资于安全和流动的资产，数额在 11 万亿美元以上（约占发达国家政府发行的债券的约 30%）。

政府拥有执法权

　　公共债券的安全性和流动性为政府举借"没有痛苦"的债务提供了很大的余地。但公共机构还有一个能使其轻易地发债的"特权"，通过实施管制，当局能为政府债券创造一种"人为"的需求，即它们能直接要求金融机构拥有一定数量的债券。例如，通过限制银行存款的收益，美国的"Q 条例"促使投资者寻求其他流动性好、安全而收益高的投资。其结果是，对公共债券的需求会上升。所有这些管制性约束（常被叫作金融压抑，Reinhart & Sbrancia，2011）有多种多样的形式。在很大程度上，直到 1980 年代，发达国家的自由化才取消这样的规定。

　　"金融压抑"使公共债券的价格不受市场的影响，并使政府以较低的价格举债。这样的压抑采用的形式不受管制的左右，而是听从于中央银行的干预。这样的干预与中央银行帮助政府获取融资的意愿密切相连，也与能否确保金融体系的稳定有关，因为公共证券在金融体系中发挥着重要作用。

　　例如，在 1940 年代，直到 1951 年，美国联邦储备进行了系统性的干预，以稳定公共证券的价格。这样的干预产生的后果是：长期国库券的利率在此期间一直保持在接近2.5%的水平上。实施这些干预的最初目的是为战争加快融资，后来是为了实现金融稳定。1945年，商业银行拥有大量公共证券，因此，利率的突发性上升（减少这些投资的价值）会侵蚀股东权益（Eichengreen & Garber, 1991）。然而，这样的干预并没有阻止美国联邦储备在此期间奉行以稳定物价为目标的货币政策。如果它为了随时购买公共债券而发行多于实际需要的货币，它就会经常性地增加强制性的储备率，以"冻结"多余的货币。一方面，货币基础（中央银行的负债）在增加；另一方面，其流通速度因必须增加储备而放慢。这一情况说明，政府能从其债务货币化中得到这样一种好处：它能为自己发行的债券的收益率设定一个上限。这还表明，与公认的看法相反的是，这一货币化过程并不意味着通货膨胀压力在形成。

如要产生通货膨胀压力，金融压抑需要更进一步，并假设中央银行不仅向政府融资，而且还有意或无意地疏忽维护价格稳定的目标。如果这种情况发生，货币基数就会扩大到不需要的地步，政策利率就会被维持在较低的水平，而经济形势则会要求紧缩货币条件。在这种情况下，因为购买公债会使长期利率无法上升，生产能力接近彻底释放，所以，私人需求的一部分就会被价格水平的上升取而代之。但通货膨胀压力不是来自公共债务的"货币化"，而是来自中央银行过度的放任。

如果向私人债务提供过度的融资和压低借贷成本，同样的后果就会出现。如果通货膨胀率确实上升，政府会发现，债务负担会随时间的流逝而减轻，其他所有以固定利率举债的人都会看到债务负担的减轻（只要债务人的收入随通货膨胀率的上升而增加）。在第二次世界大战后的几十年，美国和英国债务负担（债务额相当于 GDP 的比重）减轻了，这在很大程度上是因为价格的快速上涨。但是，所有证据都表明，美国和英国的通货膨胀是货币政策的失误，并非为了减轻债务负担（Buiter，1985）。

在大多数发达国家，业已独立的中央银行追求的目标是价格稳定。因此，导致总需求超过生产能力的预算赤字会促使政策利率上升，进而导致利率的整体水平上升。利率的整体水平的上升会遏制私人部门对贷款的需求，导致与贷款融资相关的最终需求的下降，从而避免通货膨胀压力的形成。但是，如果经济没有处于充分就业的状态，政府有能力在不创造通货膨胀压力的情况下举债。无论政府的赤字是投资的结果还是刺激生产的结果或是政府的疏忽，都会吸纳多余的私人储蓄，使生产活动不会进一步萎缩。

在私人消费对低利率的反应不足时，公共债务应该发挥上文描述的那种调节作用，发挥"飞轮"的功效，即在私人储蓄多余时加以吸纳和积聚，在不足时加以补充。如果私人部门的储蓄过多，这一"飞轮"发挥的积聚债务的作用会产生问题。在不提高政府举债的利率或不提高通货膨胀率的情况下为公共债务融资，事实上并不意味着政府未来不会遇到还本付息的问题。政府筹措资金的特定工具并非没有危险。公共债务在今天可能是没有痛苦的，但这并不意味着这是可持续的。

第二节 公共债务的限度

如前所述，与私人行为者不同的是，政府不一定要偿还其债务。更确切地说，政府可以年复一年地借新债还旧债，私人显然无法经常性地这样做。政府遇到的唯一障碍是必须支付利息。因此，判断公共债务的限度实际上就是判断政府未来支付利息的能力。对这一能力的较为精确的计算并不容易，因为这涉及如何精确地计算未来公共财政的收入及支出。由于无法在这一基础上确定公共债务的限度，因此我们可以用一种实证的方法来达到这一目的，即以过去的经验为基础。但是，我们仍然要小心地对待由此而来的结论。

理论方法

我们经常听到这样一种观点：每一个公民生来就"继承"了数千欧元或数千美元的债务。这一说法有误导性。首先，在一个发达国家，一个公民不仅"继承"了公共债务，而且还得到了数百年来这个社会积聚的大量资产中的一份。因此，仅仅提到债务而不说这一"社会资本"是不对的。这一社会资本决定了未来的劳动生产率，也决定了纳税人未来的收入。正是这一收入和这一债务的比重，需要我们去权衡。其次，也是最重要的，今天出生的人没有偿付公共债务的义务，因为他们会把债务留给他们的继承人。如果他们在有生之年能用好这一社会资本（不必增加这一资本），那么他们就能心安理得地把债务传给下一代。如果经济能得到发展，每一代人需要做的不是偿付公共债务，而仅仅是支付债务的利息。只有在未来的人无法负担利息时，债务才能成为一个"不可持续"的问题。

有必要正确评估公民每年为国家支付利息作出的贡献。这一数字与政府财政收入和财政支出（不包括利息）之差是吻合的。这一差额叫预算的初级平衡，用来衡量政府在一个特定年份内向债权人转移的税资源。这一转移不必与政府在这一年必须支付的利息吻合。如果初级预算盈余小于利息支付额，政府就会举债，以偿付利息，这时债务就会增加。如果初级预算为赤字，政府就更有必要举债了。在这种情况下，举债的目的不仅是为了支付利息，而且还是为了用于其他开支。因此可以认为，公共债务的变化取决于年度初级预算的平衡程度。如果这一平衡完全与到期利息相等，债务额不会发生变化；如果超出利息支付额，债务额就会减少。在这种情况下，一部分税收就会被用于支付过去的债务。

与个人不同的是，国家拥有无止境的生命。如果我们接受这一观念，那么如何确定债务的可持续性这个问题至少在理论上就变得简单了。如果债务的利率高于名义收入的增长率以及预算收入的增长率，这个国家就无法无休止地用举债的方法来支付利息。如果情况真的是这样，那么负债率就会不断上升，债权人就会在某个时刻拒绝提供新的放贷。由此可见，债务的可持续性受制于未来纳税人愿意看到多少资金被年复一年地转移到政府的债权人那里。这一限度是未来多个变量作用的结果，这个未来的时间不可能是永无止境的，但可能会持续很长的一段时间（见专栏1）。

第一个变量显然是未来的税收收入，这一收入反过来取决于生产活动和价格的变化：未来几十年纳税人名义收入的增长越快，利息支付就越容易；如果税收收入下降了，在其他因素不变的条件下，利息支付就会变得困难。税收收入还取决于税率的高低：如果税率在毫无合理性可言的情况下大幅度上升，明天的纳税人就会认为这样的税率是无法接受的。

但是，在预测未来初级预算平衡时，未来的财政收入并非唯一的变量。预测未来的政府开支同样很重要，而这取决于政府当前的开支情况，也取决于政府为国家的团结和投资作出的承诺。这种投资对于提高生活水平和福利（至少要避免下跌）来说是必要的。未来几十年这一开支的增长幅度越大，在其他因素不变的条件下，今天公共债务的可持续性面临的限制就越少。最后一个不应该被忽视的变量是政府举债的利率。事实上，正是这样的适用于每年的债务的利率，确定了需要支付的利息的数量。在其他因素不变的条件下，政府的可持续债务的最高数额与政府明天能举借的债务的利率是负相关的。如果利率永远低于 GDP 的名义增长率，这一上限甚至会消失。

专栏 1　评估公共债务的可持续性〔根据 Escolano（2010）改写〕

债务的积聚可用以下公式描述：

$$D_t = (1 + i_t)D_{t-1} - P_t \tag{1}$$

D_t 是在某一时间 t 的债务；i_t 是用于支付某一时间债务的平均利率；P_t 是某一时间初级平衡（即不包括利息支付的预算平衡）。如果初级平衡为正数，这意味着初级平衡为盈余，债务减少的数额就是初级预算的盈余。

如果初级盈余正好与支付的利息持平，这说明债务是稳定的（即如果 $P_t = i_t D_{t-1}$）。

用时间 t 的 GDP 除以方程式（1），得到：

$$d_t = \frac{1 + i_t}{1 + g_t} d_{t-1} - p_t$$

g 是名义 GDP 增长率；p 是初级平衡（表现为平衡相当于 GDP 的比重）；d 是公共债务相当于 GDP 比重。

注意：$\lambda_t = \dfrac{i_t - g_t}{1 + g_t}$，得：

$$d_t = (1 + \lambda_t) d_{t-1} - p_t \tag{2}$$

1. 公共债务的上限

就狭义而言，为了使债务具有可持续性，本金和利息必须在某一时间内得到偿付。因此，今天的债务不能超过未来预算实现的当前初级平衡的价值。我们可称为上限，得出下列方程：

$$D_s = \sum_{t=1}^{\infty} \frac{P_t}{(1 + i_t)^t}$$

为方便起见，如果 λ_t 不变（$\lambda_t = \lambda$），可得到：

$$d_s = \sum_{t=1}^{\infty} \frac{p_t}{(1 + \lambda)^t}$$

在有利的条件下，即 $\lambda < 0$（意味着名义增长率始终高于利率），只要 p 为正数，可持续性面临的制约就会得到尊重，政府的可持续的债务不会受到限制。

在 $\lambda > 0$ 的条件下，假设 p 不变，该方程为：

$$d_s = \frac{p}{\lambda}$$

这样就得到了可持续的债务率的最高限额（由预算在

长期的基础上得到初级盈余的最高额 p 决定）。

图 1（左边）表明，作为 $i-g$ 的函数，p 的三种价值的可持续债务水平：与增长率相关的利率越高，p 的特定价值的债务水平就越低。

可持续债务最高限额与 p^{**} 和 $i-g$ 的函数关系

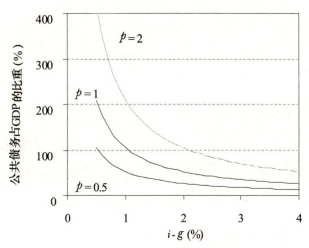

债务路径与 p^{**} 的函数关系

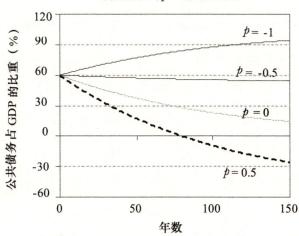

图 1　债务相当于 GDP 比重的变化

* 初级平衡 p 表示为相当于 GDP 的比重。

** 这里使用的价值是 $g=5\%$ 和 $i=4\%$。$\lambda < 0$。

这表明，不同时刻出现的可持续性面临的限制如能得到尊重，政府就无法实施所谓"骑兵"战略（又名庞氏骗局），即无休止地举债，举债的目的不仅是为了偿付本金，而且还为了支付利息。就长期而言，目前的债务净值会变成0。没有庞氏骗局的条件可表达为：

$$\lim_{N \to \infty} \frac{d_N}{(1 + \lambda)^N} = 0$$

此外，从方程（2）可得出以下关系：

$$d_s = \frac{d_N}{(1 + \lambda)^N} + \sum_{t=1}^{N} \frac{p_t}{(1 + \lambda)^t}$$

在 $N \to \infty$ 的条件下，在计算这一方程时我们很快就能发现，在无"庞氏骗局"的条件下，可持续性的限制必须得到尊重。同样，如果可持续性的限制能得到尊重，政府就无法实施"庞氏骗局"这一游戏。

2. 初级预算平衡可稳定债务率

用方程式（2）可计算初级平衡 p_t，p_t 可被用来稳定债务相当于 GDP 的比重。

3. 为稳定负债率而必需的初一级平衡

方程（2）也使我们能计算初级平衡 p_t，它可被用来稳定上一个阶段达到的负债率水平（ d_{t-1} ）：

$$p_t = \lambda_t d_{t-1} = \frac{i_t - g_t}{1 + g_t} d_{t-1}$$

如果经济的名义增长高于利率（ $i_t - g_t < 0$ ），政府的初级预算就能允许出现赤字（至多等同于 $\lambda_t d_{t-1}$ ），但能看到负债率下降。如果初级平衡处于均衡，负债率必然会下降。图 1（右侧）显示的是经济的名义增长率比债务利率高

出一个百分点时负债率作为初级平衡 p 的函数的演变过程（假设 g 和 i 不变）。在初级预算实现平衡的情况下，负债率会下降。

如果名义增长率低于利率（$i_t - g_t > 0$），为了稳定负债率，初级盈余至少要等同于 $\lambda_t d_{t-1}$。如果不能很快实现这一目标，负债率就会继续上升，用于实现稳定化的初级平衡也会随之上升。注意：在此情况下，债务路径就无法保持稳定。如果 When$\lambda_t > 0$，略低于或略高于稳定债务所需的初级盈余，最终会导致债务出现不同的演变：如果最初的负债率为 60%，$\lambda = 1.9\%$，150 年后负债率会上升到 10%（如果初级盈余为 1.2%）；如果初级盈余为 1%，负债率会超过 180%。

这一理论方法的长处是把发达国家公共债务的可持续性问题置于长期的视角。但是，正是这一原因，该方法的可操作性优势是有限的。当公共债务上升到令人担忧的地步时，政府会有意识地坚信这一债务是可持续的，因为它认为税收收入会在不远的将来增加，而且经济增长速度会加快，公共开支的增长会放慢。最后，政府的这一想象是否可行，将由债权人决定。经验表明，债权人的判断会是非常不精确的。因此，用经验的方法弥补理论的缺陷是必要的。

经验方法

在计算上文所说的理论方法的限度时，只要债务相当于 GDP 的比重不变，我们常常把公共债务视为可持续的。这一推理来自前一个推理。如果债务相当于 GDP 的比重不变，这意味着债务的增速与纳税人收入（GDP）的增速相同。

如果增长率与利率不变，政府就能通过使初级盈余占 GDP 的比重不变的方式，应对利息支付的问题。把这一形势视为可持续的假设是简单明了的：如果资源从纳税人向债权人转移在今天是可承受的（即转移的数额与初级盈余吻合），我们就没有理由怀疑明天会变得无法承受。

这一方法的局限性是显而易见的：它表明，一定的负债率（债务相当于 GDP 比重）是可持续的，不论其高低如何，唯一的条件是它不上升。但是，如果为了确保债务可持续而进行的净转移（初级盈余）数额巨大，这一转移在较短时间内是可以被接受的（未必是无限期的可接受）。而且，随着债务额的扩大，走上一条不可持续的债务道路的风险会增加。如果未来的经济增长乏力，利率下降的幅度小于经济增长率的下降幅度，那么，为了使债务保持其可持续性，有必要增加税收压力或降低公共开支的增长率：增加税收和降低公共开支的压力越大，债务的规模就越大。

如果政府债务的利率上升，这一情况同样会出现，即债务负担会变得更重，利息支付额会增加，最终使控制财政赤字的目标落空。这样的变化很快地以恶性循环的方式呈现：如果经济增长率下降，初级盈余会减少，利率会上升，这样的话，有必要获得更多的初级盈余，否则经济增长将会受到遏制，如此，循环往复。"当负债率不断上升时，投资者对负面新闻作出的反应可能会变成非线性的。如果投资者认为负债率即将超越'一去不复返'的界限，那么，即便是相对温和的经济冲击、政治冲击或债务冲击都会诱发财政危机。"（Escolano，2010，p. 11）

不幸的是，为确定这一导致财政危机的"一去不复返的界限"而对过去的经历所作的分析，无法得出明确的结论。在过去的 200 年中，公共债务负担不堪重负的例子很多，但解决问题的方式各不相同。Spaventa 认为："有许多没有痛苦的、重新回到正常形势的例子，其中大多数例子是在盎格鲁－撒克逊国家出现的。在这样的例子中，债务负担很重，成为导致金融动荡的首要因素，最后还导致通货膨胀，而反过来又为最初出现的问题提供了一个快速的解决方案，1920 年代的法国就是这样。还有这样的例子，沉重的债务负担构成了导致恶性通货膨胀的许多因素中的一个方面（如第一次世界大战期间的德国和其他国家）……我们能从理论和实践中得到的一个可信的教训是：没有必要去知道什么样的负债率会使整个系统崩溃，或者什么样的负责率会反过来促使解决方案的产生：1920 年代法国的负债率低于 1790—1840 年英国的负债率。"（Spaventa, 1987, p. 375）

但最近的研究试图从不同的角度去分析这一问题。为确立债务负担的警戒线，这些研究以过去的经验为基础，确立公共债务可能会引发不良后果的程度。这一次，可资借鉴的教训似乎是清晰的。Reinhart 和 Rogoff 在金融危机爆发后不久出版的书也证明了这一点（Reinhart & Rogoff, 2010）。该书以 20 个发达国家为样本，考察了 1946—2009 年期间的情况。该书表明，债务水平与通货膨胀之间没有重要的联系，债务与经济增长之间也没有联系（至少在公共债务相当于 GDP 的比重不超过 90% 时更是如此）。当这一上限被突破后，平均经济增长率比负债率少一个百分点。同时出版的用更为精细的方法研究该问题的其他研究成果也得出了这一有价值的结论。这些研究成果发表的时候，许多西方国家的公共债务正在很快地接近 90% 的门槛。这些研究引发了极大的不安，并使人得出这一结论：有必要尽快控制公共债务水平，甚至应该使债务水平已经超出 90% 这一上限的尽快低于该限度。

但是，为了应对当前公共债务的政策，从这些研究中得出结论是危险的。首先，解释高负债率与经济增长的关系的机制是模糊不清的；如果说这样的机制是清晰的，它运营的方式在西方国家当前的形势下并非不利。例如，Checcherita 和 Rother 的研究强调了公共债务与经济增长之间的反向关系，但未能确定这一机制运转的渠道（Checcherita & Rother，2010）。他们发现了公共债务与私人储蓄的反向关系。如果这样一种联系出现在 2010 年代初期的那种特别的经济形势中，它不仅不会阻碍经济增长，反而会通过减少私人消费，去除发达国家遭遇通货紧缩的风险。此外，这些研究根本没有排除与公共债务的不可持续性有关的不确定性。这一门槛是多个变量发生作用的结果。这些变量是多方面的，其中包括一个国家的金融声望、金融机构的质量以及经济增长的前景等因素。

由此可见，不同国家的公共债务的限度很可能是各不相同的。唯一正确的是，应该从较长的时间来看待一国公共债务的演变，而不是仅仅从名义经济周期入手。正如我们看到的，公共债务的作用是吸纳私人行为者创造的储蓄盈余，尤其在经济周期跌入低谷时，其作用是吸纳私人行为者创造的储蓄盈余，从而重振私人储蓄。极为重要的是，如何正确地评估"发挥着调节作用的飞轮"具有的储藏能力（包括不同政府的债务）。发达国家的公共债务能在多大程度上吸纳世界经济在未来将继续创造的储蓄？过高地估计这一能力必然会导致一系列危机。但过低地估计这一能力则无异于剥夺西方国家在应对难以对付的经济危机时拥有的宝贵的回旋余地。

第二章　从财政危机到经济危机

近来，发达国家公共债务的增加与 2007 年以来的金融危机直接相关。危机爆发前，国际金融一体化的加深使得西方国家的一些金融机构吸收了大量资金，这些资金主要来自于消费倾向相对较低国家的巨额储蓄。这表明那些消费倾向低的国家在世界收入中的比重正在增加，也意味着金融活动在全球范围内的大幅度增加。然而，这些巨额储蓄的转移是在一个脆弱的监管不足的全球化金融体系内进行的。过度信贷和风险累积最终导致 2008 年金融危机的全面爆发。危机中，由于信心不足，私人储蓄率急剧上升，信贷量骤然下降，同时个人消费下降。

为了避免经济的崩溃，世界各国政府都在普遍使用扩大财政支出的方法来刺激需求（De Grauwe，2010）。个人消费的大幅度下降使得危机国家不可避免地陷入经济衰退。2012年底，美国的经济状况仍未恢复到 2007 年的水平。由于大多数国家的预算发挥着习惯性的刺激经济的作用，私人部门的储蓄被政府吸收，公共债务大幅上升。2013 年，西方国家公共债务保持在较高水平，本次公共债务的大幅度上升引起了人们对公共财政可持续性的关注，而且人们普遍意识到保持公共财政平衡的必要性。有这样一种风险：如果西方各国急于为削减公共债务而纷纷减少借贷，而且，那些输出储蓄的国家的消费倾向没有提高，那么世界经济增长就会持续疲软。

第一节 通货紧缩的剧烈冲击

2000 年代初，储蓄资金在国际范围内的流动增强了各国消费与收入形成之间的联系，但这种联系突然被全球性金融危机严重破坏了。信贷流动在维持发达国家私人消费中发挥着核心作用，但风险厌恶和金融体系的解体实际上导致了许多西方经济体信贷流动的终止。例如，2007 年初，美国家庭的净借贷量相当于其可支配收入的 10%，而 2009 年，美国家庭的净借贷额变为负值（即债务偿还额大于借贷额），净债务偿还额占可支配收入的比重超过 3%（见图 2）。美国家庭的收入消费倾向下降了 10 个百分点。危机前美国家庭每年将 5% 的收入用于消费，危机后这个比重已经下降到不到 5% 的水平。类似地，美国公司的净储蓄率（储蓄率减投资率）也发生了巨大变化：危机产生的不确定性和借贷困难导致美国公司减少投资，导致其净储蓄率大幅上升。

图 2   1990—2011 年美国家庭及公司净储蓄率变化（%）

资料来源：美国联邦储备。

在其他经济体，这种紧缩的冲击甚至更加猛烈。2009年，西班牙家庭净储蓄占 GDP 的比重比 2007 年上升了 9 个百分点。随着对地产商贷款的收紧，2009 年西班牙公司的融资需求占 GDP 的比重比 2007 年下降了 9 个百分点（见图3）。总起来看，西班牙私人支出倾向大幅度下降。私人储蓄率的提高和企业投资需求的下降使得西班牙资本市场的融资能力占 GDP 的比重上升了 18 个百分点。诚然，从欧元区整体来看，资本市场的融资能力占 GDP 的比重平均仅上升了 6 个百分点。欧元区资本市场的融资能力占 GDP 的比重上升幅度较小的原因是，危机的最初影响导致私人借贷规模下降，那些危机前借贷规模上升较快的国家，信贷下降更为明显。比如，危机爆发前，西班牙和爱尔兰私人借贷规模增长猛烈，而德国的私人借贷却几乎没有明显增长，相应地，危机爆发后西班牙和爱尔兰借贷量出现急剧下降，而德国信贷量仍然比较稳定。

欧元区私人支出倾向是各国支出倾向的平均数，有的国家的支出倾向在危机前急剧上升，危机爆发后又急剧下降，

家庭

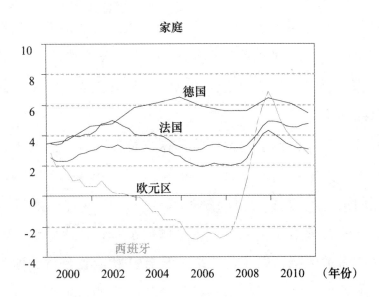

企业

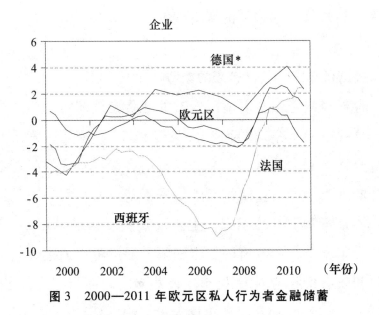

图3 2000—2011年欧元区私人行为者金融储蓄
占GDP比重的变化（%）

* 根据2000年通用移动通信系统许可证发放量调整后的数据。

资料来源：欧洲央行、西班牙银行、德意志银行和法兰西银行。

而有的国家在危机爆发前支出倾向比较稳定，危机爆发后仍然比较稳定。德国的私人支出倾向在危机前后都比较稳定，类似的国家还有中国和沙特阿拉伯。危机爆发前，中国和沙特贸易一直处于盈余，危机爆发后两国的金融体系也没有受到直接冲击，两国的私人支出倾向几乎没有变化。纵然如此，德国、中国和沙特这样的国家也没有免受危机引起的需求紧缩冲击。

危机首先在赤字问题严重的国家爆发，并以贸易为传导机制迅速向危机国的贸易伙伴蔓延（Bussière et al.，2011）。一国的消费有助于其他国家的收入形成，因此，危机爆发后，一些国家借贷量和私人支出倾向下降，从而导致世界范围内的需求下降，需求的下降又导致其相应贸易伙伴国家的经济增长率下降。通过这种机制，危机的冲击或多或少地直接影响到参与国际贸易的所有国家。

经济活动急剧下滑带来的威胁

世界经济正面临着前所未有的通货紧缩压力。一个简单的计算便可显示紧缩的程度（见专栏2）。就此而言，世界经济分化为两大阵营：一类是危机前经常项目赤字就在不断上升的国家，主要反映在私人借贷不断上升；另一类是经常项目盈余不断上升的国家，主要反映在私人储蓄不断上升。这两类国家个人和政府的支出和收入形成可以通过个人消费倾向和政府税收与GDP比率、公共支出总额指标进行考察。2007年，这些财政赤字严重国家的GDP总额占世界GDP总额的一半以上，这些国家的个人消费倾向都很高（1.05）。相比之下，在那些经常项目盈余的国家，个人消费倾向要低一些（0.93）。这些经常项目赤字严重国家的个人消费倾向由 2007 年的 1.05 下降到 2009 年的 0.89，全球经济危机带来的冲击可见一斑。

由此而来的后果是严重的：如果个人消费倾向的崩溃得不到弥补，那些赤字国家名义收入会下降 18%，其他国家的收入将下降 7%。考虑到其他促进个人消费增加的因素，上面这种估算可能夸大了危机的影响。但现实情况是，在危机的冲击下，无论是贸易赤字国家还是盈余国家，个人消费都出现了下降。

私人消费倾向的下降可能导致的唯一后果就是公共财政赤字大规模扩大，以此来吸纳私人储蓄。为了简便起见，假设政府支出水平不变，那么财政赤字就是由财政收入的减少导致的。这其中的机制可以表述为，世界收入将下降，私人储蓄上升，政府通过增加赤字来吸纳增加的储蓄。如果没有其他机制存在，全球经济，特别是赤字国家的经济将出现大幅度下滑，财政赤字将进一步增加。但在现实中，有很多机制和政策在发挥作用，起到了降低冲击的作用。公共赤字的确在扩大，但扩大的方式能避免世界经济大幅度下降。

专栏 2 对 2007—2009 年衰退规模的评估 *

为了揭示 2007—2009 年危机对世界经济造成的冲击，可以使用一个简单的框架，即将世界经济分为两个区域。区域 1 包括 2007 年经常项目赤字的所有国家，区域 2 包括 2007 年经常账户盈余的所有国家。

每个区域收入的形成，可以用如下的公式表示：

$$Y_1 = G_1 + (1 - m_1)D_1 + m_2D_2$$
$$Y_2 = G_2 + (1 - m_2)D_2 + m_1D_1 \tag{1}$$

Y_i 代表地区 i 的收入；D_i 代表地区 i 的个人消费支出；m_i 代表私人消费中进口消费所占比重（一个地区的进口即为另一地区的出口，m_2D_2 代表地区 2 的进口或地区 1 的出口）；G_i 代表地区 i 的公共支出（假设地区 i 的进口量为零）。

t_i 代表地区 i 个人所得税税率平均水平，$\delta1$ 代表地区 i 个人消费倾向。那么地区 i 的私人消费就可以表示为：

$$D_i = \delta_i(1 - t_i)Y_i \tag{2}$$

根据等式（1）和等式（2），地区 1 的总收入可以表示为：

$$Y_1 = \frac{G_1 + m_2D_2}{1 - \delta_1(1 - t_1)(1 - m_1)} \tag{3}$$

类似的，地区 2 的总收入可以表示为：

$$Y_2 = \frac{G_2 + m_1D_1}{1 - \delta_2(1 - t_2)(1 - m_2)} \tag{3'}$$

根据等式（2）、（3）和等式（3'），可以得到：

$$Y_1 = \frac{(1 - (1 - m_2)(1 - t_2)\delta_2)G_1 + m_2(1 - t_2)\delta_2 G_2}{1 - (1 - m_2)(1 - t_2)\delta_2 - (1 - m_1)(1 - t_1)\delta_1 + (1 - m_1 - m_2)(1 - t_1)\delta_1(1 - t_2)\delta_2}$$

同样，可以得出：

$$Y_2 = \frac{(1 - (1 - m_1)(1 - t_1)\delta_1)G_2 + m_1(1 - t_1)\delta_1 G_1}{1 - (1 - m_1)(1 - t_1)\delta_1 - (1 - m_2)(1 - t_2)\delta_2 + (1 - m_1 - m_2)(1 - t_1)\delta_1(1 - t_2)\delta_2}$$

根据国际货币基金组织（IMF）的世界经济展望（World Economic Outlook）数据库，可以计算出 2007 年和 2009 年两个地区的消费倾向和税收占 GDP 的比重。2007 年，地区 1 的总收入占世界总收入的 55%。2007—2009 年，地区 1 个人消费倾向由 1.05 降至 0.89，而地区 2 的私人消费倾向由 0.93 降至 0.89。消费下降对这两类地区造成的冲击，因税收占 GDP 的比重下降和公共支出的上升而减轻（见表 1）。

在自动稳定器缺失的条件下，情况又会怎样呢？可以通过局部均衡模型的分析来对可能出现的结果进行分析。在缺乏对个人消费行为或公共部门收入进行修正机制的情况下（即假设自动稳定器不存在），地区 1 消费倾向的下降（假定其他变量不变）将导致该地区名义 GDP 萎缩 18%。地区 2 消费倾向的下降将导致该地区名义 GDP 萎缩 7%（见表 1）。

表 1　　　　　　　　　对 2007—2009 年经济冲击的评估

| | 2007 年 | | 实行经济刺激政策后 2009 年各指数变化 | | | | | | 2009 年 | |
| | | | (1) δ_1 的下降 | | (2) δ_1 的下降和 G_i 的上升 | | (3) δ_1 的下降和 t_i 的下降 | | | |
	地区 1	地区 2	地区 1	地区 2	地区 1	地区 2	地区 1	地区 2	地区 1	地区 2
δ_i 私人部门消费倾向	1.05	0.93	0.89		0.89		0.89		0.89	0.89
t_i: 税收占 GDP 比重 (%)	35.8	34.7					24.7		33.8	33.5
G_i: 公共支出（十亿美元）	11 715	8 187			14 428				13 291	10 307
Y_i: 名义 GDP（十亿美元）	30 892	24 788	25 350	23 054	30 892	23 939	30 892	24 788	30 396	27 334
地区 i 财政收支差额占 GDP 的比重 (%)	-2.1	1.6	-10.4	0.8	-10.9	0.5	-13.2	1.6	-9.9	-4.2
地区 i 经常项目差额占 GDP 的比重 (%)	-5.1	6.4	-3.6	3.9	-4.0	5.2	-5.1	6.4	-2.8	3.2

为了使地区 1 的经济总量维持在 2007 年的水平，必须将公共支出提高 23%（表 1 中情况二）。那么地区 2 所受冲击将会减轻。由于公共支出中不含进口项目，地区 1 公共支出的增长并未使地区 2 的经济总量维持在 2007 年的水平（在这个模型中地区 2 经济下滑 3.5%）。另外，我们还能够计算出地区 1 税收占 GDP 的比重，这一比重由 2009 年的 36% 下降到 2007 年的 25%，税收比重的下降有利于地区 1 经济总量的维持和稳定（表 1 中情况三）。

事实上，地区 1 和地区 2 都采取了支持政策。所有国家的公共支出都有所上升，而税收比重有所下降。2007—2009 年间，个人消费倾向在下降，但财政支持政策使得地区 1 的 GDP 总量保持稳定；虽然 2007—2009 年间，地区 2 的 GDP 增长了 10%，但与 2005—2007 年（GDP 增长比为 24%）相比，GDP 增速明显下滑。

---

* 该评估方法请见 Aglietta et al.（1990）。

** 这里的消费倾向指数不等于每组国家消费倾向的平均数：私人融资能力根据欧元区经常项目差额和预算差额之间的差异计算而得，这种差异受各种国内和国际统计调整的影响。两类地区经常项目差额已经调整，以实现其与世界经常项目盈余和赤字统计的统一。

成功实现经济稳定

实际上，发达经济体都存在"内在的"财政稳定器，其作用正是为了防止经济的急剧下滑。当经济衰退开始的时候，这些自动稳定器就会发挥作用（如失业工人补贴、增加公共开支或实际税率下降）。自动稳定器机制减轻了 2008—2009 年经济所遭受的冲击。此外，这场危机的直接后果是一些意识到危机潜在风险的国家开始采取财政支持措施，这种以减税和增加支出为主要内容的一揽子刺激计划旨在防止出现 20 世纪二三十年代那样的大萧条。经济刺激计划的规模和程度是与相关国家所遭受的冲击程度成正比的。通常来说，在私人消费下降幅度大的国家，财政平衡恶化程度大，财政刺激的力度就大。

新兴经济体（多数属于前面所提到的贸易盈余类国家）面对源于发达经济体的危机均进行积极的应对。与发达经济体不同的是，新兴经济体的金融体系没有受到危机的直接冲击。许多新兴经济体国家普遍采取宽松的货币政策来刺激信贷需求，并以这种方式来提高私人消费倾向。以中国为例，2007—2009 年间中国的私人借贷和地方政府借贷均大规模增加。2007 年和 2008 年两年间中国的私人和地方政府借贷总额增加了 4 万亿元人民币，2009 年则进一步增加到 10 万亿元人民币，大约相当于 GDP 总值的 30%。新兴国家在实施宽松货币政策的同时，各国还同时实施了大规模的财政刺激计划。新兴经济体国家内在稳定器的作用不如发达国家明显，所以这些国家普遍采取了扩张性的财政政策来刺激经济增长。财政刺激的规模与本国经济总量紧密相关。2008—2009 年新兴国家财政刺激规模相当于 GDP 总值的 3%，与发达国家财政刺激的平均水平不相上下。新兴经济体的经济刺激政策有利于扩大本国的消费，进而增加世界范围内的消费量。

这些刺激和稳定经济的努力取得了一些效果。但不得不承认，这些刺激措施并没有阻止经济增长的大幅放缓，西方经济体正在经历着自大萧条以来最严重的经济衰退。然而，

目前的危机并未达到使整个世界经济崩溃的程度。第一组国
家（贸易赤字国家）借贷量虽然明显缩减，但经济总量仅
出现小幅下滑。2007—2009 年其经济总量下滑幅度约为
1.6%。而除发达经济体以外的其他国家经济仍保持持续的
增长，增幅约为 10%。但 10% 的增长速度仅为危机前增长
速度的一半。2008 年夏，在全球经济危机最为严重的时刻，
G20 峰会在华盛顿召开，各国首脑倡议在 G20 框架下进行广
泛的国际合作，这对避免全球经济危机恶化，扭转世界经济
形势具有重要意义（Cabrillac & Jaillet，2011）。但应该看
到，为刺激经济，发达国家普遍采取了扩张性的财政政策，
导致财政赤字大幅度上升。而初级产品价格的提高使新兴经
济体国家通货膨胀率急剧上升。

第二节　发达经济体恢复财政平衡的必要性

如前所述，正是公共债务吸收了在特定经济条件下所
产生的私人储蓄盈余。2008 年危机的爆发使得私人部门的
储蓄倾向大幅度上升。为了吸收这些储蓄资金，各国政府
被迫增加融资需求，纷纷扩大财政支出，以避免世界经济
的崩溃，进而导致了财政赤字的扩大。而此时，在一些发
达经济体，公共债务延迟偿还的问题已经发生，并引起了
人们的广泛关注。经济增长的谷底过去后，政府很难就立
刻停止扩张性财政政策达成一致。在这个刚刚引进的合作
框架内，各国政府不是在制定协调一致的扩张性财政政策
"退出策略"，而是开始各行其是，根据本国的需要确定各
自的财政政策。有些国家意在通过实行扩张性财政政策刺

激经济，有些国家意在恢复财政平衡。鉴于各国各行其是，而且经济复苏乏力，因此人们对发达国家控制其公共债务的能力开始质疑，这是自第二次世界大战以来人们首次就此问题提出质疑。

发达经济体仍然危机重重

　　毫不奇怪，这些质疑主要针对发达经济体。在过去的几十年里，大多发达国家的公共债务水平都在不断上升。截至 2009 年，公共债务占 GDP 的比重低于 50% 的发达国家寥寥无几，有些国家这一比重甚至超过了 100%。在新兴经济体地区，或在一些大国，情况恰恰相反，即多数国家公共债务占 GDP 的比重大大低于 50%（见图 4）。

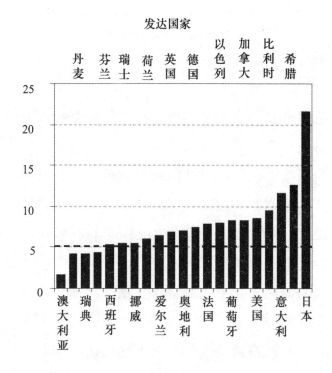

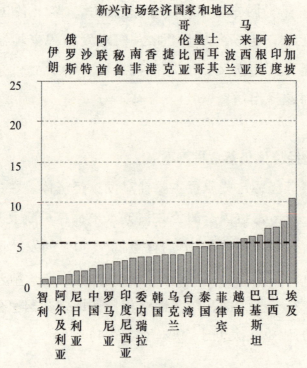

图4   2009 年发达国家和新兴经济体国家公共

债务占 GDP 比重比较（%）

资料来源：国际货币基金组织。

发达国家和新兴经济体国家在通货膨胀程度和经济增长前景方面也存在差异。劳动力数量增长放缓和生产率提高速度较慢几乎是当前所有发达国家面临的一个共同问题。但在新兴经济体国家，情况则不尽相同。即使在人口结构趋于老龄化的国家（如中国），仍然存在劳动生产率提高的巨大空间，而劳动生产率的提高有利于经济增长。正如前面章节所述，在未来的几十年中，经济增长是公共债务可持续性的一个决定性因素。

面对相对较高的公共债务和不明朗的增长前景，发达国家在应对公共财政恶化问题时显得手足无措。实现基本预算盈余和经济正增长是发达国家摆脱债务危机的两个基本条件。较高的债务水平增加了危机国家利息支出的负担，导致基本预算难以实现盈余。而新兴经济体国家公共债务水平普遍较低。长期以来，发达国家拥有完善的社会福利制度，社会福利支出在财政支出中一直占有较高比重，人口老龄化和医疗费用的上升导致发达国家预算支出大幅度上升。同时，发达国家的税率和社会保障缴款比率已经很高，政府收入增加的空间已经不大。因此，与新兴经济体国家相比，发达国家管理公共财政的难度要大得多。

2009 年夏，当宏观经济出现稳定迹象的时候，发达国家普遍面临着公共债务偏高的问题。不管各国政府打算将公共债务降到怎样的水平，其首要任务是遏制不断上升的公共债务，然后再决定以怎样的速度、以怎样的方式使财政紧缩政策取代财政扩张政策。显然，为了改善基本预算平衡，实现公共债务的稳定，各国所进行的紧缩规模是不同的。

基本预算失衡越严重，公共债务负担越重，那么债务累计率和经济增长率之间的差就越大（见专栏 1）。从图 5 上图可以看出，根据各国公共财政状况及融资前景（2009年），可以对美国、日本、英国和欧元区各成员国财政紧缩力度进行衡量和比较。各国财政整顿力度的大小主要取决于 2009 年各国基本预算平衡的状况，累积债务负担以及利率与经济增长率之间的差异对财政整顿力度大小也有一定的影响。前面提到的金融危机与公共财政失衡之间的联系就清晰可见了。多数情况下，在 2007—2009 年期间，各国的基本预算平衡与私人储蓄倾向成正比关系（见图 5 下图）。

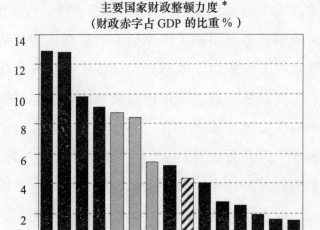

主要国家财政整顿力度 *
（财政赤字占GDP的比重%）

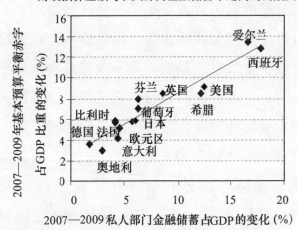

财政预算差额与私人部门金融储蓄率之间的函数关系

图5　财政赤字水平和预算整顿力度比较

＊根据2009年底的数据，为了在2015年使公共债务占GDP的比重稳定，需要在2010—2015年间使基本预算赤字持续下降。

资料来源：根据IMF和OECD公布数据计算而得。

刺激政策的退出缺乏协调

急需进行财政整顿的国家担心财政紧缩会加剧经济衰

退，因而不去积极地削减财政赤字，这是一个更为令人担忧的问题。在私人消费急剧下降的情况下，为了避免经济增长的低迷，实行赤字政策是必要的。试图在个人消费倾向重新开始上升之前就消除财政赤字，不仅不会改善公共开支状况，而且还会进一步导致经济下滑（Wolf，2010）。发达国家为了恢复经济增长和改善经常项目收支，有必要在一定时期维持庞大的财政赤字，并允许公共债务的大幅上升。

应该指出，财政赤字和公共债务上升的影响不一定很大。公共债务占 GDP 的比重增加 15 到 20 个百分点不会对基本预算平衡产生太大影响。当然，为了减轻公共债务上升对基本预算平衡的影响，政府还需采取相应措施。此外，危机爆发前，利率水平持续下降使政府可以较低的成本获得贷款。西方国家的主权债务几十年来被普遍认为是"无风险"的，而且被看作危机时期的避风港。政府借贷利率一直处于下降趋势，而且这种趋势一直持续到 2008 年前后。政府借贷成本的下降使得利息支出在公共债务飙升时也不会出现大幅度激增。结果，较低的利率使得政府不愿意限制不断飙升的公共债务。

面对同样的问题，并不是所有发达国家都意识到公共债务不断增加所带来的风险，并作出类似的分析。很多发达国家公共债务已超过 GDP 的 90% 或 60%，一些国家的政府对此给予高度关注，并力图降低公共债务的水平。有些国家则试图维持较高的公共债务水平，以此来保证经济增长。2009年 6 月，德国将债务刹车条款写入宪法。显然，德国属于重视并力图降低公共债务水平的一类国家。类似的国家还有英国，大选后不久，当选的保守党领导的联合政府就推出了财政紧缩政策。显然，日本和美国力图维持庞大的公共赤字，属于第二类国家。赤字政策退出策略缺乏协调，不利于世界经济的好转。公共债务问题较轻的国家不应该成为首先削减债务的国家，这是符合逻辑的。但事实正好相反。欧元区那些公共债务问题不太严重的国家却率先削减财政赤字。的确，这些进行削减赤字的国家首先意识到了来自于市场的压力。由于未能清楚地说明如何巩固欧洲团结，那些金融平衡脆弱国家的偿债能力受到置疑。

发达国家曾经共同推出财政刺激措施以防止世界经济崩溃。从 2010 年开始，发达国家在刺激政策退出策略上并未采取协调政策，而是各自根据自身国家的需要进行调整。在 2009 年 9 月匹兹堡 G20 峰会上，各国勾画出了"促进全球经济强劲、持续和平衡增长"的框架。然而，各个国家面临的问题不同，优先要解决的问题也不同，这导致 G20 达成的框架无法付诸实施。刺激政策的退出缺乏国际协调机制是令人担忧的，因为各国实行削减财政赤字的政策，政策发挥作用，使得世界范围内的储蓄和投资实现均衡，需要数年的时间。在 G20 框架内制定刺激政策退出策略，并将这一策略与新兴经济体国家实施刺激消费的政策相结合，就能够有效避免因储蓄过剩而导致世界经济崩溃。

第三节　世界经济增长的危险信号

自 2008 年以来，世界各国特别是西方国家已经吸纳了经济中的大量剩余储蓄资金。公共财政赤字的削减将会产生怎样的影响？这将取决于经济活动主体消费倾向的变化，特别是进行财政紧缩国家私人消费倾向的变化。如果私人储蓄减少，政府债务也减少，那么这个国家整体的储蓄水平将不会有大的变化。公共债务的可持续性对宏观经济的稳定具有重要意义。根据李嘉图等价定理，随着公共财政状况的改善，经济行为者会期待着税率被降低，所以会增加当前的消费支出（见专栏3）。私人储蓄增加后，公共财政赤字也增加，二者是同步变化的。在2007—2009年经济危机爆发前的数十年内，美国私人储蓄和财政赤字的确呈现出同步增加的特点。（见图6）

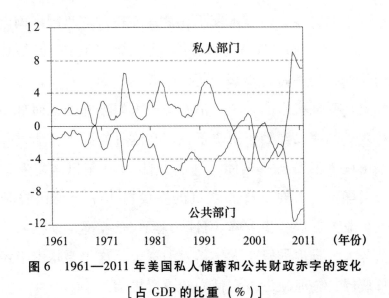

图6　1961—2011年美国私人储蓄和公共财政赤字的变化

[占GDP的比重（%）]

资料来源：汤姆逊数据库。

然而，这个结论并不是放之四海而皆准的。私人储蓄和公共财政赤字同步变化可以简单解释为这两个经济变量的周期性变化。在主要通过货币政策来调控经济的国家，只是在经济出现波动时才同时采取扩张或紧缩性的财政政策来刺激或抑制经济活动。美国就是一个典型例子。利息率的上升会导致私人消费下降，进而导致 GDP 增长下滑，公共预算平衡状况的恶化。反之，如果利率下降，则私人消费将会增加，GDP 将会增长，公共预算平衡将会得到改善。值得一提的是，削减公共财政赤字和刺激私人消费提高同时并举的政策，未来几年效果如何，我们还不得而知。

李嘉图等价定理失效

21 世纪初，西方国家（尤其是美国）的经济形势与几十年前相比发生了巨大的变化。在货币政策刺激经济的空间日益变小的时候，西方国家正在被迫使用财政政策来刺激经济增长（Blanchard & Milesi - Ferretti，2011）。这正是私人部门消费行为不符合李嘉图等价定理的原因。首先，应该指出的是，受危机影响，个人消费倾向大幅度降低，而且中央银行基础利率已经处于历史低位。在这种情况下，通过降低利率来刺激消费已不可能。其次，自 2000 年以来，发达国家公司融资需求在下降，危机的爆发打击了企业的投资信心，企业投资进一步下降。目前，多数企业都是债权人而不是债务人，贷出的资金大于借入的资金，这主要是由于经济增长疲弱，企业缺乏投资信心和投资机会。

发达国家个人消费倾向上升后，家庭借贷额也要相应上升。但从实际情况看，家庭借贷总额上升缓慢，这主要是因为发达国家的银行体系受到危机冲击尚未完全复原。个人消费下滑后，重振个人消费可能需要几年的时间。由此可见，个人消费倾向缓慢的上升难以弥补公共财政赤字削减对经济的冲击，在财政紧缩力度比较大的国家更是如此。

Guajardo 等人开展的一项最新研究得出了类似结论。该项研究首先根据必要的数据，选择了进行严格财政整顿的时间区间。也就是说，它剔除了导致财政状况改善的周期性因素。[①] 该研究进而分析了私人消费对财政紧缩作出怎样的反应，得出了一些清晰的结论（Guajarolo et al. ，2001）。

与预想相反，通过对过去经验的仔细分析，我们发现，财政紧缩并不会刺激私人消费的增加。基本预算平衡赤字占 GDP 的比重每下降一个百分点，国内需求就相应下降一个百分点，由此会引起经济活动的下滑，具体来说，国内需求下降会导致进口量的下降，进口量的下降会使经常项目收支得到改善，即国内需求下降一个百分点，经常项目赤字占 GDP 的比重会下降 0.6 个百分点。该项研究证实，财政赤字的下降幅度与个人储蓄下降幅度不是一致的。事实上，基本预算平衡赤字每下降 1 个百分点，私人部门储蓄将下降 0.4 个百分点。

公共债务的增长制约经济增长

发达国家削减公共债务的政策对私人和公共部门以及对经济增长的影响是显而易见的。如果私人部门储蓄盈余的下

---

① 作者指出了使用"传统"方法来评估财政紧缩后果的局限性，也回答了为什么传统方法会错误地使人们认为财政紧缩对经济具有刺激作用。为了分析并衡量财政整顿的影响，传统方法对基本预算平衡中的变量进行了调整，剔除经济周期因素。然而，这种调整也有局限性，因为不可能把影响财政预算平衡的所有周期性因素考虑进去。例如，20 世纪 90 年代末美国股市的大幅上涨导致美国政府基本预算平衡预算中的政府收入大幅上涨，财政状况大为改善。而这并不是因为财政整顿或削减赤字，而是受周期性因素影响的结果。在该项研究中，研究者还剔除了其他一些影响财政差额的因素，如为抑制过热经济而进行的财政紧缩。

降速度比公共部门的融资需求慢，那么整个经济的融资需求
就是在下降的。换言之，如果私人和公共部门都对收支余额
进行调整（不管是主动地还是被动地），那么经常项目一定
会得到改善。在调整期间，国内需求支出的增长速度将慢于
GDP 的增长速度。净出口的增长将促进 GDP 的增长。公共
和私人部门收支差额的调整有利于经常项目的改善，经常项
目改善意味着净出口的增长，净出口增长是经济增长的一个
重要驱动因素。

一国国内经济增长速度越来越依赖于世界上其他国家消
费支出和本国市场份额：世界其他国家的消费需求增长速度
越快，该国市场份额就会越大；该国国内需求增长率越高，
经常项目账户盈余越大，该国 GDP 经济增长率就会越高。
然而，如果该国贸易伙伴对其产品需求增长缓慢或者该国市
场份额下降，那么，要改善经常项目差额就得减少进口量或
抑制国内消费支出。如果外部部门对经济增长的贡献不变，
那么紧缩会使得 GDP 增长率下降（见专栏 3）。

专栏 3　削减公共私人债务与经济增长

发达国家进行公共财政的整顿和私人部门债务的削减是
不利于经济增长的。假设政府打算削减赤字，私人的储蓄行
为不符合李嘉图等价定理（即政府债务的减少不会使私人
储蓄减少，也不会使消费增加）：在政府财政平衡改善的同
时，私人储蓄并没有下降，私人部门的融资能力没有变化。
图 7 描述了上述情况（为 2000—2011 年欧元区数据）。

鉴于融资需求或私人部门的融资能力等于经常项目差

额，公共和私人部门的行为意味着经常项目的改善。但这会对经济增长产生怎样的影响呢？

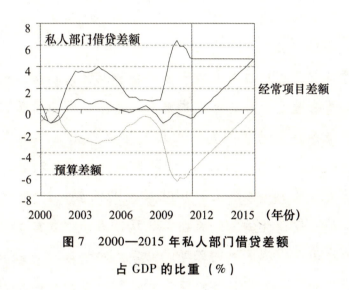

图7　2000—2015年私人部门借贷差额
占 GDP 的比重（%）

$\varphi^{private}$、φ^{public}、$\varphi^{country}$ 分别代表私人部门、公共部门、整个国家的融资需求（或融资能力）。

公共部门的融资能力相当于财政预算差额，整个国家的融资能力相当于经常项目差额 ca（所有指标均绝对数占 GDP 的比重表示）。

$$\varphi_t^{private} + \varphi_t^{public} = \varphi_t^{country} = ca_t$$

Y 代表 GDP 总值，D 代表国内需求。然后可得：$ca_t = \dfrac{Y_t - D_t}{Y_t}$ 和 $ca_t - ca_{t-1} = \dfrac{D_{t-1}}{Y_{t-1}} - \dfrac{D_t}{Y_t}$。

若要使经常项目（表示为经常项目占 GDP 的比重）得到改善，则必须满足 $\dfrac{D_t}{D_{t-1}} < \dfrac{Y_t}{Y_{t-1}}$，即国内需求的增长速度低于 GDP 的增长率。

然后，可以计算出经常项目改善条件下 GDP 的增长率，经常项目的改善与每个国家私人部门的行为相关。为了简化起见，假设转移支付和投资收入为零，那么经常项目差额可计为：$ca_t = \dfrac{X_t - M_t}{Y_t}$，其中 X 和 M 分别代表货物和服务的出口和进口。通过出口与有效汇率、世界其他地区需求的函数及进口与有效汇率、该国国内需求的函数，可以计算出经常项目平衡条件下的国内需求的增长率（有效汇率和世界其他地区的需求变化已知）。出口增长越快，经常项目改善程度就越大，国内需求和 GDP 增长率就越高。

这种高度简化的方法将在第 3 章、第 4 章和第 5 章得到系统地运用。模型的时间跨度是五年。对于每一个国家，模型对货物和服务的出口和进口进行估算，根据一系列的相关等式可以计算出投资收入和转移支付。私人部门的融资需求或融资能力可以根据个人的融资状况预测计算。据此，可以推断出财政整顿的若干路径和判断经济增长与哪些因素相关。

由此可见，近几年发达国家私人部门和公共部门同时进行的收支调整将对世界经济产生明显的紧缩效应。一些经常项目赤字严重的国家，如美国、西班牙，吸收了世界经常项目盈余国家的剩余储蓄。赤字国家进行的政策调整，如削减支出、减少进口，将不利于世界经济的增长。2008 年金融危机爆发后，各国普遍使用扩张性的财政政策来刺激经济，以减轻对经济的冲击。如果赤字国家减少支出，而其他国家并未增加支出，将再次对经济造成紧缩效应。发达国家这一次同时削减支出对宏观经济造成的影响不是短暂的冲击，而会对整个世界经济造成持续的压力。考虑到大多数发达国家都采取了紧缩政策，因此新兴经济体国家需求的增加对拉动其经济增长具有重要意义。许多发达国家也在采取多种措施，刺激本国的国内需求，但是事实表明，在财政紧缩力度较大的情况下，国内需求的刺激措施效果并不明显。2012年初国际货币基金组织发布预测，认为新兴经济体国家仍将保持较高的经常项目盈余。但同一时期发展中国家财政赤字却明显下降。在这种情况下，有些国家可能面临着这样的风险：它们会陷入一种难以自拔的财政危机怪圈，使生产活动的萎缩与公共财政赤字同时发生。为了防止财政危机的爆发，发达国家不应该为了实现财政平衡而同时进行大规模的财政紧缩。为此，日本、美国和欧元区国家等发达国家应该根据本国的财政和经济状况制定相应的紧缩政策，各国应该相互协调和配合，探索出既能避免财政危机又不会对世界经济造成严重冲击的有效措施。

第三章　逼近日本的陷阱

　　许多发达经济体的私人储蓄多年来都保持盈余，对这些国家而言，日本公共财政状况的演变可以提供许多经验借鉴。再没有哪个国家的财政预算可以像日本那样发挥"飞轮"的作用，存储过剩的储蓄。早在 1970 年代，随着国内投资需求的下降，日本第一次出现了过剩的私人储蓄出口他国的现象。1990 年代初，日本股市的崩溃和房地产市场泡沫的破灭又进一步减少了国内投资，公共赤字便成了解决过剩储蓄的唯一出路。为了削减通货紧缩的作用，除了增加自身债务以外，政府别无他法。若非如此，日本的私人部门将无法积聚他们现存的金融财富。这一特点以及日本财政体系的原有特征，能够解释为什么当一国债务超过其 GDP 规模的两倍时，该国政府仍然在以低利率进行借款。

　　然而，这个令人心安的结论并不能用来掩盖今天日本所面临的问题。尽管日本的利率水平可能较低，但若干年来名义收入的增长率也一直低迷。如果日本的私人部门现在依然拥有较强的融资能力，那么，企业将发挥越来越大的作用。同时，金融体系的演变方向使得日本公共债务市场更容易受到各种质疑的影响，从而引发对政府信誉的关注。此外，就日本而言，信用问题可以归纳成一个具体的问题：公司已经偿还了所有的债务，而政府的财政赤字仍然依靠家庭储蓄的支持来解决；此时，政府是否能够一方面实现盈余以恢复家庭储蓄，另一方面又不至削弱家庭的购买力？

第一节　延续至今的"无泪"债务

截至 2012 年末，日本的公共债务超出 GDP 的 210%，这一数字是其他经合组织国家公共债务水平的两倍（见图 8）。总的说来，20 多年来的公共债务的变化轨迹着实壮观：2012 年的公共债务规模超过了 1992 年的三倍。在日本，这种变化远胜他国，然而，如果仅仅关注政府资产负债表中的债务部分，就会得出错误的结论。尽管债务负担已经十分沉重，但日本政府仍然拥有大量金融资产可供其自由处置。到 2012 年末，金融资产总额已超过 GDP 的 100%。如果剔除由中央政府和地方政府持有的不出现在公共债务总额中的公共债券，这一比例则为 80%，其中中央政府持有二分之一，地方政府持有约五分之一，其余部分则分布于社会保障领域。就社保基金和外汇储备中的金融资产比率而言，较之其他主要发达国家，特别是欧元区和美国，日本是最高的。这意味着，日本的净公共债务远低于其债务总额。即便如此，在 2012 年末，它仍然高于 GDP 的 130%。

公共债务

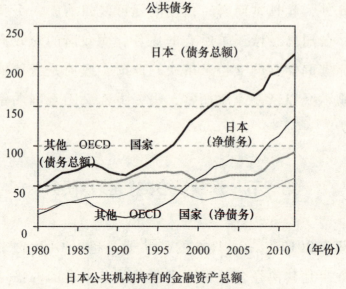

日本公共机构持有的金融资产总额

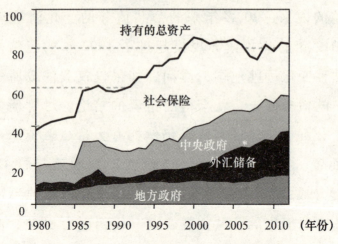

图 8　1980—2012 年间日本公共部门拥有的

公共债务和金融资产（相当于国内生产总值的百分比）

＊不包括外汇储备。

来源：OECD，日本银行和汤姆森数据库。

1990 年代的冲击

　　这种高水平负债的产生，是 1990 年代中期以来大量赤字不断累积的结果。导致这种结果的机制是值得回味的。至少，这些机制最初也被其他许多发达经济体所采用。同其他发达国家一样，日本私人部门在 1990 年代的债务负担很重。1980—1989 年间，家庭债务占可支配收入的比重从 90% 上升到近 140%，而非金融企业的债务从占 GDP 的 170% 上升至 210% 以上。利用丰富的信贷，企业借债贯穿整个 1980 年代，并造成了投资过剩。1987—1990 年间，企业投资占 GDP 的比重从 19% 上升到 25%。然而，由于部门间资源配置不合理，投资回报变得很低：在 1980 年代，房地产公司和小型企业用于购买建筑用地的费用从 10% 上升到 30%。

在 1990 年代初，由于家庭和企业的债务负担很沉重，随着储蓄倾向的增加，房地产市场和股票市场泡沫不可避免地破裂了。简而言之，家庭的融资能力从 1989 年占 GDP 的 10% 上升到 1991 年的 12%（见图 9）。尽管债务水平居高不下，但是，由于长期的老龄化趋势对家庭储蓄率产生了下压的影响，居高不下的债务水平开始缓慢地下降。家庭债务得以缩减，但缩减速度缓慢，因此，在 21 世纪的前 10 年，家庭债务占收入的比重很难再回到 1980 年代末的峰值。日本私人部门的融资能力在 1980 年代末的突然上升，本质上归因于非金融企业的行为：1991—1993 年间，非金融企业融资需求的下降幅度超过了 GDP 的 9%。这一冲击是极为猛烈的。为了维护经济活动的稳定，政府不得不出面为企业借债。预算平衡因此而不断恶化，1992—1996 年间，财政结余从占 GDP 的 0.6% 的盈余转变为 5% 的赤字。

对日本来说，国外的融资需求起着重要作用，它可以弥补日本国内限制性财政政策对本国国内需求的影响，然而亚洲金融危机的出现打压了旺盛的外部需求，因此，政府在 1997 年为巩固公共财政而采取的努力无疾而终。1998 年，伴随着经济再次陷入衰退，公共赤字迅速扩大至 GDP 的 11%，尽管在 1999 年略有改善，但在 2003 年以前，它仍保持在 GDP 的 8% 左右。此后，由于私人行为者（即企业）的储蓄倾向下降，政府在一定程度上减少了财政赤字，尤其是国际金融一体化的发展，促使世界其他地区吸收了过剩的私人储蓄。截至 2001 年，私人储蓄已接近 GDP 的 2%，在 2007 年金融危机的前夕，日本的经常项目盈余已升至 5%。同大部分发达经济体一样，2007—2009 年的冲击使得私人部门的开支倾向剧减，并迫使政府为其预算平衡的进一步恶化作出反应。到 2012 年末，公共赤字再次攀升至 GDP 的 10%，但新当选的安倍政府并不期望它减少得太快。

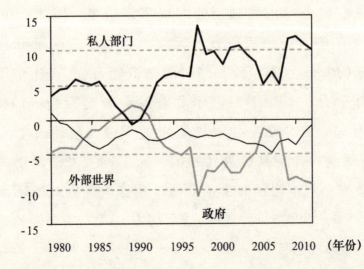

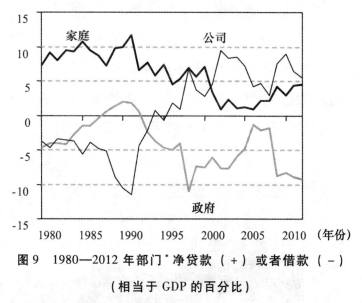

图 9　1980—2012 年部门＊净贷款（＋）或者借款（－）

（相当于 GDP 的百分比）

＊统计误差已添加到企业的财务结算平衡中，因此也包括在私人部门中。

资料来源：日本内阁办公室和汤姆森数据库。

居民持有的公共债务

通过回顾导致日本财政状况恶化的各个事件，我们可以发现，有些国家今天遇到的风险与 1990 年代发生在日本的情况很相似。它还强调了一个特殊情况，即日本的私人储蓄过剩。自 1990 年代中期以来，日本私人部门的融资能力就维持在 GDP 的 5% 至 10% 之间，2009 年以来，更是一度超过了 GDP 的 10%。对任何发达国家而言，这一水平都是最高的。私人储蓄被直接或间接地投资于公共证券或流向国外，而日本政府及其他国家的政府已经成为私人储蓄盈余的唯一吸纳者。日本的私人部门对这种高风险深恶痛绝，因此，他们不得不将大量金融储蓄投放于国内资产。到 2012 年末，大约 95% 的中央政府债券（包含短期无息国库券后的这一比重是 90%）为居民所持有。其中大部分为一个相对稳定和"可控"的金融体系所掌握。日本银行（BoJ，即日本央行）持有未到期中央政府债券总额的十分之一。如果算上日本邮政集团和财政贷款基金（一个为取代信托基金局而创建的公共投资基金）所控制的债权，那么大约一半的政府债务都集中在公共机构手中（见图10）。

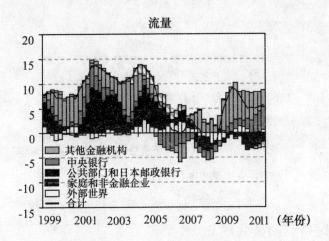

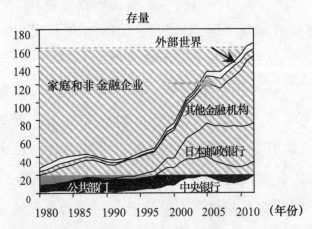

图 10　购买和持有日本中央政府债券
（相当于 GDP 的比重）

　　*由日本邮政集团所拥有的公共债权包括了日本邮政银行有限公司和那些由日本邮政保险有限公司所持有的债权。

　　资料来源：日本银行。

　　这一状况并不出人意料：至少到 1990 年代中期，日本家庭仍然习惯于寻求安全的投资渠道（银行存款、邮政储蓄或人寿保险），从而成为国内储蓄的主要来源（见图 9）。在某种程度上，这种行为反映了第二次世界大战后相当长时间内政府所实施的政策，即鼓励无风险的储蓄制度以及对某些部门优先发放低息贷款。尽管日本已逐渐放弃了该政策，1980 年代也放松了金融管制，但并未显著影响日本家庭对于投资安全性和流动性的准结构性偏好。到 2012 年末，超过 80% 的家庭资产仍以 "无风险" 的形式存在（见图 11）。因此，家庭储蓄为日本政府提供了一个事实上 "唾手可得" 的资金来源。然而，把唾手可得的资金理解为政府排挤了其他可能的借款人的看法是错误的。自 1990 年代初开始，正是公共债务的累积才使得家庭的金融财富不断增长（见图 11）。如若不然，日本的经济活动就必然会紧缩至以下状态：随着私人部门收入的减少，它们的融资能力也日趋下降以满足世界上其他地区的融资需求。换言之，日本的经常账户会出现盈余。

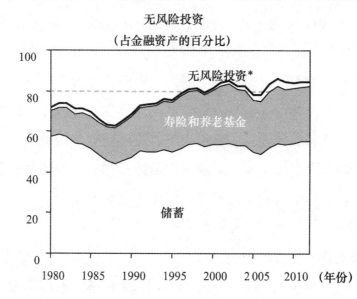

无风险投资

（占金融资产的百分比）

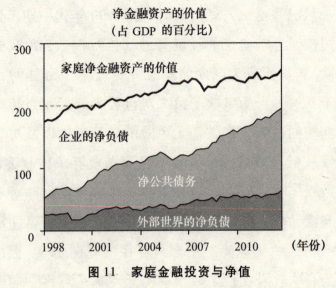

净金融资产的价值
（占 GDP 的百分比）

图 11　家庭金融投资与净值

＊无风险资产包括公共债券、存款（包括邮政储蓄）以及人身保险和退休金投资。

资料来源：日本银行。

第二节　无法被迅速遏制的债务动力

日本经济的这些特殊性帮助人们理解了这样一个问题，即为什么在 2012 年底，这个负债最多的发达国家的政府，仍然能够以低于 1% 的利息率发行 10 年期债券。但是即便如此，日本政府也不能无限制地借钱。因为在家庭开始减少其部分财富之前，日本公共债务累积的特殊情况已经发生了改变。在未来几年内，政府的融资需求将越来越取决于企业的融资能力，而不再依赖于家庭。伴随着金融业改革的推进，这种演变趋势将使日本政府的借款利率变得对市场压力更为敏感。

公共债务条件的渐变

伴随着老龄化进程和劳动力规模的下降，家庭储蓄开始

枯竭，这使得公共赤字的融资变得更为复杂。事实上，在
1980 年代，家庭金融投资从占 GDP 的 15% 下降至 2.5%，
超过了过去 10 年的平均值。对于那些传统上负责吸收储蓄
存款的机构来说，这种衰减表现为它们的资产负债表不再增
长。自 21 世纪初以来，邮政银行资产负债表的规模已大大
下降。

由于企业的融资能力逐步取代了家庭的融资能力，公共
债务购买者的性质发生了改变。2009 年以来，大多数新发
行债券的购买者并非那些吸收居民储蓄存款的公共机构，而
是换成了银行（见图 10）。企业融资能力的提升减少了未偿
还贷款总额，银行（特别是区域性银行）视持有公共证券
为实现组织成熟转型的一种手段。由于只有政府部门的未清
偿债务还在增加，家庭和企业在银行的资产负债表中的贷款
就逐渐被公共证券所取代。从 2013 年开始，银行持有的公
共证券因此升至其资产总额的 20%，而在 1990 年代末这一
比例只不过是 5%。然而，这种演变很容易达到极限，因为
它使得银行对公共债券市场价格的变化更为敏感，并使银行
暴露在发生亏损的风险之中。这对区域性银行说尤甚，因为
这些银行购买的债券往往是远期的（Bank of Japan，2011）。

由于吸纳储蓄的机构发生了变化，这使得银行持有越来
越多的公共证券，除此之外，那些传统上投资于公共债券的
机构（即公共养老基金和邮政银行）在投资的结构方面也
经历着变革。在 2001 年之前，公共养老金储备必须像邮政
储蓄那样交存信托基金局保管，并服务于优先的公共投资。
经过几年的过渡期，这一要求在 2007 年被取消了。迄今为
止，虽然养老基金和邮政银行的大部分资产仍由公共证券构

成，但投资结构，尤其是基金的投资结构正在发生着变化，外国证券所占份额不断增加。这些机构的管理人员的言论表明，这一趋势将继续存在，因为投资于新兴市场国家的金融资产份额正在不断提升，而投资于日本国内公共证券的份额正在不断下降。

即使这种变化是缓慢的，家庭储蓄的逐渐枯竭也终将改变债券市场均衡的模式。最近，日本银行开始转向了更为激进的宽松货币政策，这或许会产生一种较为持久的抵消效应。即便如此，公共债券利率的上升压力也绝不会消失，因为政府再融资需求的规模是巨大的。为了应付公债利率上升的可能性，政府可以采取如 1990 年代实施的缩短债券期限的办法，继续以最低利率进行贷款。比如，它可以像在 2010 年所做的那样，发行利率固定但期限较短（3 年）的债券，或者像在 2003 年那样，开发新产品（如 10 年期浮动利率债券）。

然而，减少投资者不想承担或已不再承担的风险，并非唯一可能之举。回归更严格的"金融抑制"也是不可想象的。然而，自 1980 年代中期以来，为鼓励金融市场的发展，政府已经非常努力地解除了一个又一个的监管禁令，不过，未来它很有可能扭转这一"解禁"进程。例如，最近公共养老基金就出台了限制投资多样化趋势的禁令。最后，如果存在债券收益率急剧上升的威胁，日本银行可以效仿其新行长黑田东彦的做法来增加公共证券的购买量、推动经济再繁荣。2013 年 4 月，黑田曾实施过延长债券购买的持续时间及限制债券收益率水平的方法。无论如何，有一件事是确定无疑的，即商业银行不可能在毫不危及其资产负债表健康的情况下源源不断地吸收大量公共证券。

巩固财政带来经济增长风险

2000年代末爆发的金融危机冲击日本时，日本政府借款的金融环境与1990年代初的震荡环境是截然不同的。概括而言，如果当前人口老龄化的趋势继续发展，家庭的融资能力将在这个十年结束前消失。如果不采取任何措施减少预算赤字，那么家庭持有的公共证券的数量将会继续增加。要想终止这一趋势是很难的。当平均贷款利率像在2012年那样高于名义增长率的130%时，要想轻而易举地阻止公共债务比率上升，政府就必须提升其预算平衡，其规模相当于GDP的10%。换句话说，2012年占GDP 8.5%的赤字将在2017年变为约占GDP的2%的盈余。如果政府在此期间一直保持实现预算平衡的努力，净债务将在稳定增长至GDP的150%的高位之前持续攀升。当家庭财富开始贬值、公共部门对债券的需求萎缩时，仍然维持如此高的债务将是非常危险的。

除了努力稳定其公共债务负担外，日本必须同时使其经济摆脱通货紧缩。那么，以怎样的节奏才能够既实现基本预算平衡的调整，又不至过分抑制经济的增长？显然，答案首先取决于对国内部门融资能力的预期的演变（见专栏3）。前已表明，对于家庭部门来说，这种预期的演变将会相对有利于预算的再平衡。到2020年，几乎30%的人口将超过65岁，而在1980年代这一比例仅为10%，老龄化进程将在事实上进一步压低家庭金融储蓄的比例（见图12）。

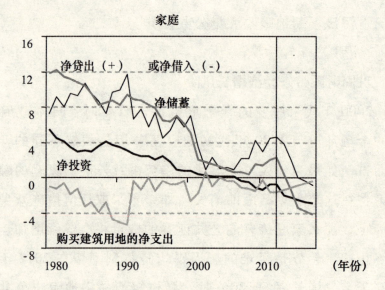

家庭

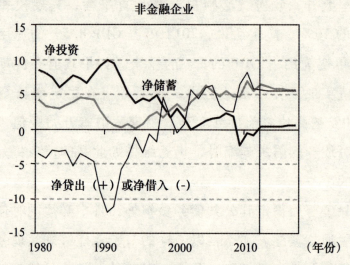

非金融企业

图 12　1980—2017 年私人部门净贷款（＋）或净借款（－）的变化

（相当于 GDP 的百分比）

资料来源：日本内阁办公室和作者的计算。

2012 年末，日本的家庭金融储蓄率为 5％，到 2015 年，这一比率将下降为零，此后为负。与 2000 年代的家庭融资能力（2.5％）相比，在其他因素不变的情况下，这一转变将有助于巩固国内需求的增长。另一方面，公司的融资能力并非朝着良好的态势发展。

自 2000 年代中期开始，日本的非金融公司公布的年净储蓄大约为 GDP 的 5%（见图 12）。考虑到它们的净投资几乎为零，这意味着它们的融资能力也大致维持在这一水平上。相比之下，金融公司的融资能力却出现了明显的下降：在 2000 年尚占 GDP 的 3% 左右，而在 2012 年，这一数字几乎为零。资本转移的增加在很大程度上可以解释这一转变，尤其是与养老基金从私人部门转向公共部门、或公共金融企业的资产转向中央政府有关。为了对企业的融资需求作出预测，应考虑如下事实：企业的主要收入相当于 GDP 的比重通常与经济活动密切相关。再者，假定公司的收入税税率是稳定的；最后，假定从现在起至 2017 年，公司投资都能确保 GDP 的年增长率维持在 0.8%。基于这些假设，在未来的10 年间，日本企业的融资能力（金融危机期间已上升至占GDP 的 9% 左右）应该稳定在 5% 左右，相当于 2000 年代的平均水平（到 2012 年年底，它已经下降到了 6%）。

从现在起至 2017 年，以较快的速度稳定公共债务占GDP 的比率将导致怎样的后果？尽管私人部门融资能力的预期变化态势良好，但这意味着经常账户须得到明显改进（占 GDP 的比重从 2012 年的 1% 上升为 2017 年的 4%）。

在当今世界经济中，其他发达国家也正在寻求经济增长的外部支持，因此，日本想要增加贸易顺差是很难的，除非在此期间其国内需求大幅下降。如果汇率稳定在 2013 年 3月底的水平上，且国际货币基金组织在 2012 年 10 月对世界上其他地区的需求所作的假设是正确的，那么，日本的国内生产总值在 2017 年以前平均每年会下跌 0.8%。

日本政府在 2010 年 6 月制定的预算巩固计划时将 2022 年作为目标日期，安倍政府在 2013 年初重申了这一目标日期（Cabinet Office，2010）。不过，即使负债率（公共债务相当于 GDP 的比重）在较晚的 2022 年得到稳定（而非较早的 2017 年），2012—2022 年期间的增长率仍然是十分有限的。值得注意的是，增长速度之所以为正，可部分归因于日本的新贸易伙伴的预期经济活力。在 2000—2012 年期间，日本出口产品的结构已在事实上转向新兴地区，因为这些地区的需求正在迅速扩大。比如，对中国的出口份额从 5% 增长到了接近 20%，而对美国的出口份额比却由 30% 下降到 17%，对欧洲的出口份额则由 18% 下降至 10%。

此外，这些预测并没有考虑 2011 年 3 月发生在日本的地震和核事故的可能后果。日本经济研究中心（JCER，2011）的研究表明，这些事件可能使今后各届政府的任务严重复杂化。即使有可能重新启动几乎所有核电站，日本对化石燃料的依赖也势必会增加。在既定的财政紧缩政策及日本贸易伙伴的需求不变的情况下，进口倾向的上升将会削弱其经济增长前景。

被永久推迟的行动？

通过这些预测，可以得出一个初步的结论：只要公司仍然具有相当大的融资能力，日本的公共财政重返可持续发展之路就必定是非常缓慢的，甚至有可能存在遏制经济活动的风险。值得注意的是，这种渐进主义已经成为政府在 2010 年 6 月所作计划中的一项基本原则，该计划希望在 2015 年之前将初级预算赤字减半，并在 2020 年实现初级预算平衡。此外，该计划还规定，若遇到意外事件的干扰，将临时暂停对预算的调整，必要时不惜推迟实现稳定债务比率的目标。作为巩固计划的一部分，在削减某些支出的同时，政府在 2012 年底决定将消费税税率由 5% 提升至 10%，从而使初级预算赤字占 GDP 的比重下降了 4 到 5 个百分点。但到 2020 年，总赤字仍将超出 GDP 的 5%！虽然安倍政府口头上表示要促进增长，但政府似乎并没有背离下述逻辑：为了实现 2010 年计划作出的中长期承诺，安倍内阁在 2013 年 1 月 15 日决定采取一些刺激性措施，提供了总额达 10 万亿日元（相当于 GDP 的 2%）的财政刺激计划，以实现全面的复苏。如果除了目前当局手中的计划以外没有其他调整措施，日本的净债将继续增加，直到 2010 年代末大大超过 GDP 的 150%。为这笔额外的公共债务进行融资并不意味着必然排挤其他借款人。如果政府发现自己必须继续借款，这正是因为缺少那种能够替代政府、能够吸纳储蓄的借款人。即使在这种情况下，也不能排除债券收益率的上行压力。如果在将来的某个时刻，储户或吸纳储蓄的机构对政府控制自身债务形势的能力失去信心，它们可能将不再愿意购买政府的债券。

因此，日本政府所需绕开的陷阱变得清晰起来。在未来几年，政府若想管理好宏观经济，就必须缓慢地减少预算赤字，并允许公共债务负担持续加重。然而，长远来看，在某些阶段，政府必须首先稳定负债率，尔后才能减轻债务负担。从 2010 年代末始，日本家庭的金融财富可能会停止增长。如果继续增加公共债务，日本政府将陷入经济发展日益脆弱的境地。在某一阶段，日本企业与其他组织有可能宁可成为其他国家的债权人也不购买日本的公共债券。为了避免这种风险，公共债务与家庭的金融财富必须同时作出改变。这要求政府财政的基本平衡得到显著改善。

具体而言，如果政府借款利率与 2012 年末的名义经济增长率之间的差异始终保持不变，且净债务占 GDP 的比重保持稳定（见图 13），那么，自 2020 年开始，日本将维持超出 GDP 的 2% 的基本盈余。然而，一个简单的计算表明，受人口老龄化对家庭财政盈余比率的影响，到 2040 年，家庭金融财富将会出现大幅下跌，总量约为 GDP 的 60%。在这种情况下，政府不仅会需要稳定债务，更需要削减债务：而在经济增长率与利率存在上述差别的情况下，只有初级盈余始终保持占 GDP 的 5% 左右才能实现这一目标。

当然，还有一个更好的方案：如果名义经济增长率与利率趋同，所需的初级盈余将从 GDP 的 5% 下降到 3%。假设目前在日本银行的积极干预下，利率持续保持在 1.5%（低于名义增长率），所需的盈余将降至略高于 GDP 的 1%。新当选的首相安倍晋三提出的解除日本经济衰退和结束通缩的优先选择正是指向这一路径。这一战略被称作"安倍经济学"，它有三个支柱，用日本符号"三个箭头"来表示：积极放松货币政策（日元贬值、提升股价、提升信心）；扩张财政政策；实施增长战略以促进私人投资。即便如此，虽然较高的名义增长率肯定有助于必要的财政调整，但 2010 年 6 月所制定的计划（即达到 1% 的初级盈余）迟至 2022 年也很难实现。2012 年，政府在基本赤字占 GDP 的 8.5% 的情况下开始财政调整，在这一形势下，想要促进预算平衡、实现 10 个 GDP 百分点的改进并非易事，尽管一部分初级预算赤字是周期性的。这表明，如果想要兑现过去对储户所作的承诺，日本政府将不得不对未来几代人征税。

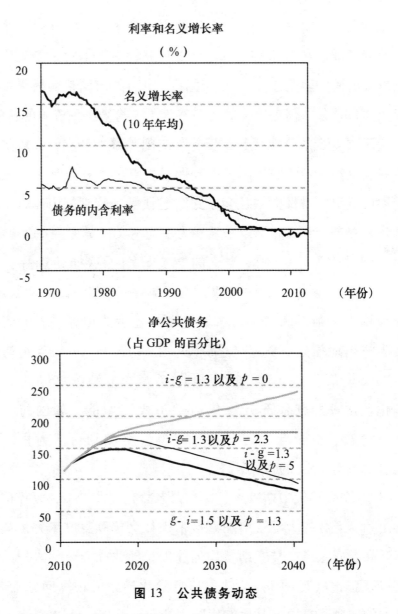

图 13　公共债务动态

注释：i 是支付的平均名义利率（%），p 是以 GDP 百分点计算的基本预算平衡，g 是经济的名义增长率（%）。

资料来源：汤姆森数据库和作者的计算。

第三节   日益严峻的挑战

再平衡预算并不仅仅是对宏观经济的挑战，它还是一个政治上的挑战。在未来几年中，日本政府将不得不对一个尚未完全解决的问题表明态度：在实践中，应当如何调整初级平衡以阻止并扭转公共债务恶化的趋势？为了在将来实现资源的转移，以偿还（至少部分地）累积债务，应削减哪些开支？又应提高哪些税收？它导致的代际公平问题是复杂的，并且其中的某些因素可能引发对日本"社会模式"的质疑，特别是由于日本的医疗和养老金制度长期以来被视为平均主义（见专栏4）。

到目前为止，预算收支的演变显示了这样的选择：自1990年代初期以来，预算收入占GDP的比重一直保持稳定，而预算支出则不断增加。按职能划分显示的预算平衡的演变更为清晰地描述了这些选择（见图14）。自1980年代初开始，公共赤字主要源自社会账户（养老金和医疗保健）的恶化。预算的其他部分（包括"皇权"职能，如国防、法律与治安、教育等）也已接近平衡。至少到目前为止，净利息的支付所起的作用不大。

自1990年代中期以来，在人口老龄化的背景下，医疗保健支出和养老金的大幅度增加直接带来社会福利急剧攀升，其增速远高于雇主或雇员缴纳费用的速度，导致社会公共账户的平衡持续恶化（见图14）。就人口老龄化导致的预算问题而言，日本的问题明显要比其他发达国家严重。诚然，65岁以上人口所占的比例将在未来持续攀升，但其增速自1995年以来已明显放缓。根据现有的各项研究结果，可以判断，社会支出与GDP

之比大幅上升的趋势业已结束。然而，指望这一比率大幅降低却是不切实际的幻想。即使未来十年内医疗保健支出的名义增长率可被限制在年均1%至1.5%（过去3年为4%），在名义经济增长率为2%的情况下，也最多可削减占GDP比重的1%的支出（国际货币基金组织，2011a）。

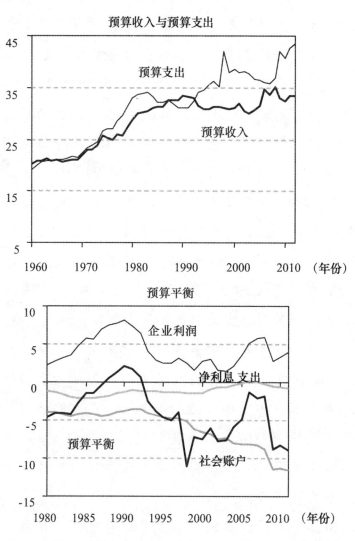

图14　预算平衡的形成（相当于GDP的百分比）

资料来源：经合组织和日本内阁办公室。

专栏 4　　社会福利是日本公共支出的核心因素

经合组织认为，就医疗保健的普及程度和平等程度、医保的成本（私人和公共支出总计仅占 GDP 的 8.5%，而其他经合组织国家平均为 GDP 的 9.5%）以及医保的成就（日本国民的健康状况居世界前列）而言，日本的医疗保障制度是世界上运行最好的。在日本，医保覆盖的范围很广（覆盖了几乎全部国民），患者可自由就医，并且，相较其经济社会发展水平而言，个人的医疗费用是较低的。在 2007 年的医保总支出中，社会缴费（一般来说，它占工资的比例是固定的，由雇主和雇员缴纳相等的金额）承担了一半、政府承担了 37%（中央政府提供 25%，地方政府提供 12%）、患者承担了 14%（NIPSSR，2011）。另外，法律禁止保险公司之间的竞争（不同的保险公司通常以同等价格提供服务），也禁止其盈利。因此，在过去的 30 年里，医疗开支增加得并不多，占 GDP 的比重仅仅增加了 2 个百分点，而美国则增加了 7 个百分点。不仅如此，在这段时间，日本人口的老龄化要比美国高很多。日本未来的公共医疗支出仍将保持有限增长。国际货币基金组织（2012b）预测，从现在起至 2030 年，日本的该项支出仅仅会增加 GDP 的 1%，而美国的这一数字将超过 5%。不过，其他相关研究则持谨慎态度，认为日本医疗支出的增长速度会更快一些。

然而，日本的医疗保障制度并非没有任何问题。医疗专家越来越短缺，新型药物的市场建设也极为滞后。最为关键的是，医保支出的不断上升导致了代际公平问题的产生。如果日本想要在人口老龄化的形势下维持医保制度带来的既有利益，社会缴费（尤其是年青一代承担的社会缴费额）将不得不增加。日本政府于 2005 年所作的统计表明，1943 年前出生的人获得的净收益（即终身获得的医疗保障会高于其缴纳的医保费用）为每个家庭 4875 万日元（按 2011 年中期汇率计算为 64 万美元），而 1983 年以后出生的那些人则会遭受 4585 万日元（60 万美元）的损失。2000 年代末，老年人群体缴费的增加在一定程度上是为了减少代际不公。

　　人口老龄化给退休金制度也带来了类似的问题。日本的退休金制度同样是再分配性质的。它是普及全民的，包括一项基本制度（即定额发放的国家养老金制度）以及一项与其互补的公共制度（雇员养老保险）。雇员养老保险以过去的工资额为基数。虽然日本的养老金替代率低于其他经合组织国家，但其覆盖面广泛，从而为低收入家庭提供了更大的保障。为应付人口老龄化问题导致的费用增加，日本于 2004 年改革了医疗保障制度：社会缴费的贡献率提高了，国家养老金的月缴费额将从 2004 年的 13300 日元上升为 2017 年的 16900 日元（以 2004 年日元的不变价值表示）；雇员养老保险的缴费比例将从同期的 13.6% 逐步上升到 18.3%。养老金的替代率降低了；对一个普通家庭来说，这一比率将从 2004 年的 59.3% 逐步下降为 2023 年的 50%。这一改革将使得政府只能从储备中逐步提取资金，因为从理论上讲，这些资金足够在未来 100 年内保持养老金支出的平衡（Horioka 等，2007）。与发达国家平均超过 GDP 的 1% 的主要预算成本相比，贡献率的提高意味着在 2010 年至 2030

年期间日本的主要预算成本为零（国际货币基金组织，2011b）。

然而，公众正逐渐丧失对医保制度的信心，这将会在某种程度上威胁到财政平衡。2008 年 8 月的一份调查显示，只有 20% 的受访者表示对预算制度抱有信心。这一数字在丹麦和芬兰分别为 74% 和 66%。特别是对年轻群体来说，他们的贡献越来越少。这有两个原因，一是他们认为他们无法达到连续 25 年缴纳国家养老金这一最低要求，二是他们认为医保制度过于昂贵。因此，35 岁以下的雇员中有一半不再缴费，尽管缴费是一项义务。在 2009 年，养老金的已缴额与应缴额之比仅仅为 60%（NIPSSR，2011）。与全职雇员的社会缴费不同，个体经营者、农民临时工和失业人员的应缴份额不会自动从工资、薪金中扣减，所以当预期中的薪酬没有得到及时支付时，这些没有固定收入的人便无法支付他们应缴的保险费用（Suzuki & Zhou，2010）。不仅如此，越来越多的年轻人经常被排除在雇员养老金制度之外：在 2010 年，15—24 周岁的年轻群体中的 46% 正面临这一处境，而在 1988 年，这一数字仅为 17%。日本政府的又一项此类研究显示，在 2005 年，代际不公问题极为突出，年青一代为医保制度所作的贡献远大于他们从中获得的收益。

大幅削减其他公共支出同样困难重重。在 2011 年，净公共投资为零（福岛核事故很可能会至少暂时硬性增加这种开支）、教育支出已经很低（2009 年占 GDP 的 3.5%，这在所有经合组织国家中是最低的），其他的预算开支似乎也很难被压缩。即使将所有非社会开支的名义增长率冻结10年，最多也只能削减占GDP的2.5%的赤字（国际货币基金组织，2011a）。而且，如果不考虑教育支出而仅仅冻结其他项目的增长率，同时不考虑投资所削减的占GDP的1.5%的赤字，也仅能削减占GDP的2%的赤字。因此，要想降低2012年中期公布的占GDP的1.5%的非社会保障开支，将会是十分困难的事情。由于控制支出和削减养老金的操作空间不足，因此，削减赤字必然意味着要增加收入。

征收更多的税还是回归通货膨胀？

这便是症结之所在。1990年代和2000年代历届政府未能做到的，正是无法决定采用何种方式来不断提高公共收入。在很大程度上，这20年间所发生的资源转移使得老年公民受益。实际上，老年人从社会支出中获利最多，然而，这些社会支出在很大程度上是由劳动年龄人口提供的，也是越来越多地依赖举债。日本的选举制度导致生活在大城市以外的老年人口获得了过多的代表性，使政府很难实施旨在减少这一转移的各种措施。尤其在这些措施可能会增加老年选民的纳税时，政府面临的难度更大（Eichengreen et al.，2011）。

不过，对日本而言，增加税收应该相对容易（见图15），因为相较其他发达国家，日本的税负是最低的。日本的税收收入尚不足其GDP的17%，这一比例远低于大多数其他G7国家，比如，法国超过了25%，而英国和意大利几乎达到30%。日本的增值税税率更低。尽管增值税率在

1997年从3%升至5%，但到目前为止，它仍然远低于经合组织成员国在2012年平均税率（18.7%）。此外，由于人口老龄化趋势的存在，因此可以预见，增值税的税基要所得税的税基增加得更快（国际货币基金组织，2011a）。此外，提高增值税税率会相对减少代际间的不平等，因为这一税负普及全民，而不是仅限于劳动年龄人口。在其他因素不变的情况下，如果增值税率从当前的5%逐步上升到15%，财政逆差相当于GDP的比重会减少5个百分点。

　　不过，应该指出的是，增税措施仍然非常不受欢迎，野田佳彦首相在2011年末提出的关于逐渐提升税收的建议，就遭到了一些政治家和民众的强烈反对。经过数月的辩论与讨论，国会最终于2012年8月通过一项法案，决定在2014年4月将消费税率从5%提高至8%，到2015年10月再进一步提高至10%。然而，这不太可能成为有关税收的最后的辩论。

预算支出

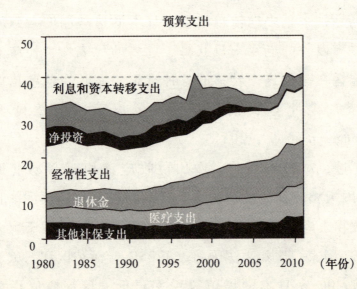

预算收入

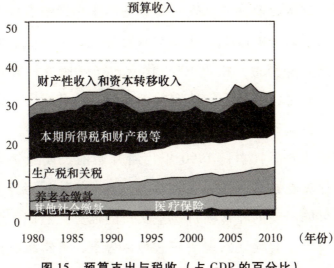

图 15　预算支出与税收（占 GDP 的百分比）

资料来源：内阁办公室。

　　另一项值得考虑的措施是增加企业所得税。众所周知，企业是当前居民储蓄余额的主要来源。然而，在增税这方面，余地也是有限的。由于所得税税率已接近 40%，征税总额已接近 GDP 的 4%（2007—2009 年金融危机之前的数据），日本企业已经比其他经合组织国家的大多数企业缴纳了更多的税。企业一定会抵制增税，因为在传统上，企业代表与各党派保持着密切联系。最有可能的结果是提高社会缴纳份额，因为它的相对稳定性是扩大公共赤字的源头。但由于雇主缴纳的社会费用越多，企业利润就越小，因此，这种办法也会和增税措施一样被抵制。另一方面，雇员缴纳费用的上升只会加剧既有的代际不平等问题，并进一步加剧近几年存在的逃避支付社会保险现象（见专栏 4）。社会缴纳费用的上升同样也会影响到养老金领取者，因此，他们会支持政府的努力，以确保其储蓄的购买力不受影响。

如果日本政府能够兑现其对债务的承诺，那么，在未来几十年内所需的财政巩固并非不可能实现，不过，需要为之付出相当大的努力。在 2010 年代末，家庭储蓄很有可能开始枯竭，届时，如果不能达成政治妥协，公共赤字将变得难以控制。在这种情况下，国内需求的增长将会比生产的潜力增长得更快，而日本自 1990 年代所开始的长期通货紧缩也将走到尽头。诚然，在一段时期内，日本的外汇储备可能会承担为可能出现的经常项目逆差融资的任务。然而，通货膨胀的压力势必会很快出现，在这种形势下，日本政府将不会履行其债务契约，而是将其外汇储备进行贬值。显然，政府必须与央行合作。日本央行通过维持宽容立场，甚至通过购买公共证券，可以防止利率的挤出效应发挥作用。迫于国内政治压力，日本央行承诺可能无限量购买政府债券，因此，日本政府最近获得了这样一个"合作"机会。问题是，如果仅仅将希望寄托在这样的解决办法上，可能会迅速导致日本债券的持有者搜寻其他更有利可图的投资机会。这就很可能引发对新的全球货币战争的担忧。

第四章　美国的豪赌

与日本相比，美国的公共财政状况有诸多不同。尤其是，很难说美国的公共借款是以"惯性飞轮"的形式来增加国内储蓄的。20 多年来，美国吸收了外部世界居民的巨额储蓄。然而，同日本一样，维持巨额财政赤字已经成为十几年来支撑美国经济的关键因素。应当承认，美国在过去十年的经济政策远非严格意义上的凯恩斯主义：小布什政府于 2001 年推出的减税措施并非意在促进投资，而是要刺激供给。尽管如此，财政支持的作用是决定性的，因为财政帮助经济抵御了自 2000 年股票市场泡沫破灭至 2009 年金融危机期间一系列严重经济衰退的冲击。现在，预算赤字的累积已经造成了严重影响：2010 年代初债务占 GDP 的比重已经达到除战争年代以外的历史最高水平（见图 16）。

公众持有的债务

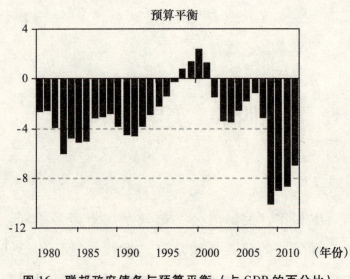

图 16 联邦政府债务与预算平衡（占 GDP 的百分比）

资料来源：国会预算办公室。

　　面对这一令人瞩目的不良局面，美国目前所表现出来的"善意的忽视"令人吃惊。此次金融危机之后，美国政府立即明确地将优先权赋予经济增长而非削减赤字：到 2012 年末，财政赤字将接近 GDP 的 7%，仍然要比以往的几十年高很多。美国采取这一战略的原因很简单：在货币政策失效的情况下，首先紧缩财政而非促进经济增长无异于自杀；然而，一旦经济形势得以扭转，财政赤字能够而且必须削减下来。美国在这场豪赌中所下的赌注是：由于美国的公共债务具有可持续性，因此现在人们不会对美国经济的未来产生怀疑。要想赢得这一赌局，美国必须在出现新的冲击之前实现经济增长，并且，还必须达成一个如何使公共债务重返可持续之路的可信的政治协议。然而，令这一赌局风险丛生的是，在此之前，财政支出的增速已经明显超过了财政收入的增速，尤其是随着医疗保健成本的不断增长，这一趋势已经对预算平衡构成了严重威胁。与此同时，由于根深蒂固的政治分歧的存在，近些年来美国国会就再平衡预算问题达成一致的能力已经被严重削弱。

第一节　扩大财政赤字的十年

截至 2010 年末，美国公共财政的赤字总额接近 GDP 的 105%（其中联邦政府债务占 85%，州和地方政府占 20%），这意味着债务规模在十年内几乎翻了一番。净债务也发生了类似的巨变，从占 GDP 的 44% 猛增到 86%。这种与其他经合组织国家类似的趋势所反映的主要是联邦政府的债务状况，因为尽管各州政府和地方政府遭遇种种困难，但是它们债务总额在 2002—2012 年间几乎没有什么增长。实际上，只有少数几个州（特别是加利福尼亚州）为了获取财政经费而进行短期债务融资，而绝大多数其他州都已通过立法，禁止以发行债券的方式筹集财政资金。金融危机爆发后，为了补偿州政府和地方政府损失的税收收入，同时为避免它们过度实施紧缩政策，联邦政府早在 2009 年就为其提供了大量财政转移支付，这是联邦政府一揽子刺激计划（《美国复苏与再投资法案》）的一部分。这些转移支付覆盖了各州在 2009 年及 2010 年大约三分之一的财政需求，并使得它们有能力投资基本建设。

然而，公共财政状况的恶化绝不仅仅是 2007—2009 年金融危机的后果。在 2000 年代的中前期，根据商业周期调整后的政府财政收入占 GDP 的比重下降了 3 个百分点，而财政支出占 GDP 的比重却上升了 1 个百分点（见图 17）。

在此期间，结构性的初级预算平衡从 3% 的盈余转变为
1.5% 的赤字，总计下降了 4.5 个百分点；2000 年代的后 5
年亦是如此。因此，从长期来看，赤字的累积自 2000 年代
初已开始。那么，这一切又是怎样形成的呢？

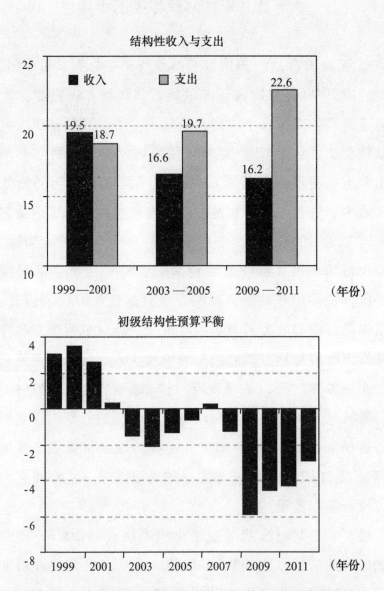

图 17　联邦政府结构性预算平衡（占潜在 GDP 的百分比）

资料来源：国会预算办公室。

模糊不清的财政纪律

由 1990 年代末的强势经济增长所带来的"意外之财"是 2000 年选举辩论的核心议题。当时的副总统阿尔·戈尔想留下这笔钱以满足未来的养老金需求，但乔治·布什的立场是通过减税"还钱与民"。在就任美国总统后的，布什在 2001 年 6 月便出台了《经济增长与税收减免和解法》；随后，又在 2003 年 5 月出台了《就业和经济增长税收减免协调法案》。不过，如果不是预算规则在 20 世纪 80 年代中后期到期失效，国会不可能通过这两个法案。

1980 年代初持续的高公共赤字在事实上促成了 1985 年《格拉姆·拉德曼·霍林斯法案》的通过，该法案要求逐年削减赤字，到 1991 年实现预算平衡。如果不遵从已设定的上限标准，大多数项目势必要被自动削减。为了规避此类自动削减问题，总统和国会变得高度"创新"，他们设定了有利的增长假设，可以轻而易举地在账面上实现设定的目标（Reischauer，1993）。然而，不仅此类目标未曾实现（1990 年公布的赤字为 GDP 的 3.9%，远远超过 0.6% 的初始目标），而且，在 1980 年代的后半段，赤字总额也几乎没有下降。《1990 年预算执行法案》提供的方案虽然不那么富有雄心，但更有实效，其主要目标并非是减少赤字，因此，对总统和国会业已达成一致的预算案来说，这是一种制度性的尊重。该法案为随意性的支出设置上限并引入"量入为出"原则，它要求任何增加成本的社会项目或减税措施必须是"赤字中性"的，即通过预先为削减其他支出或增加其他税收的项目提供资金支持。该法案在强势政治意愿的支持下削减了赤字，并在 1998 年实现了预算平衡。由于 1990 年代末的经济形势比较特殊，到 2000 年，财政预算盈余居然达到了国内生产总值的 2% 以上。然而，原来承诺的减税政策需要再次投票，《预算执行法案》中的条款在 2002 年也已经到期，伊拉克和阿富汗冲突使得国防支出上升，所有这一切迅速逆转了财政形势好转的趋势（见图 16）。

一系列冲击（如股票市场暴跌、"9·11"恐怖袭击以及石油价格上涨等）对经济活动构成了威胁，然而，国内需求仍在增长，因此，2000 年代初所采取的财政政策对经济形势起到了显著的积极影响。尽管减税政策的本意在一定程度上并非意在刺激家庭支出，而是鼓励其储蓄，但仍有助于防止出现通货紧缩恶性循环（如增加国防开支减税项目）。另外，减税还能有效地影响预算平衡。2003—2006 年间，尽管经济增长率稍高于 3%，但是联邦政府赤字占 GDP 的比重仅下降了 1.5 个百分点，这在一定程度上是由于减税政策降低了财政收入。然而，由于经济开始复苏，债务占 GDP 的比重涨幅相对较小，巨额结构性赤字使得美国预算极易遭受经济放缓增长（更不必说经济收缩）的不利影响。国会预算办公室（CBO）提供的经济周期调整数据显示，2008—2011 年间，债务增加额占 GDP 的 30%，其中一半是由 2008 年实施的一揽子经济刺激计划（《美国复苏与再投资法案》）造成的，而另一半则是由 2007 年的严重衰退及随后的经济增长放缓所导致的。

在经历了两年多的回升后，至 2011 年 9 月，经济活动仍明显处于萧条而非"正常"周期中，GDP 比战后复苏时期的平均水平还要低 6 个百分点。这并不令人吃惊。在美国，经济形势的好转通常是靠以下因素驱动的：住宅投资、耐用品的消费以及公司对生产性资本的投资（一般会有超过一年的时滞）。通过刺激住宅投资和消费等对利率最为敏感的部门，宽松的货币政策通常有助于经济的重新起飞。然而，大量的待售房产和家庭负债的存在、房地产价格的下降与其他因素交织在一起，使经济丧失了 2009 年以来推动其回升的驱动力。因此，住宅投资急剧收缩，直到 2012 年才得以回升。在没有预算稳定计划也没有国外需求作出额外贡献的情况下，美国经济的复苏前景无疑仍将低迷。经济复苏的乏力还能说明为何创造就业机会那么不易。与 2003—2004 年的"无就业复苏"不同，2009 年的复苏首先是一个几乎没有增长的复苏。

美国由此进入了以高失业率和明显畸形的社会金字塔为特征的 2010 年代。经济衰退摧毁了近 900 万个就业机会，其中多数是中等收入的岗位；18—64 岁年龄组的贫困率达到 14%，创下自 1966 年有系列统计以来的新高，当时，这一人群中生活在半贫困线以下的比例刚刚达到 6.6%，但这已经创了纪录。这个时代的另一显著特征是政府（包括州政府和地方政府）的公共财政状况恶化并产生大量债务，赤字率甚至逼近 9%。到 2012 年末，公众持有的联邦债务的比率（最频繁使用的经济指标）达到了 GDP 的 72.5%。2008 年 9 月以来，联邦政府先后接管了两大抵押贷款证券化机构房利美和房地美，但这一指标甚至尚未进入联邦政府资产负债表的表外项目；与此同时，尽管次贷危机已经过去 5 年，但家庭过度负债的风险仍未完全消除、经济持续回升潜力依然脆弱、且增长潜力很可能比 1990 年代末还要羸弱。更为不利的是，来自民主党的总统和由共和党主导的议会之间存在着巨大的思想鸿沟，对财政政策的制定来说，这几乎是一块结构性的绊脚石。

第二节　走向预算平衡的脆弱回归

　　尽管如此，国会预算办公室在 2013 年 2 月所作的规划看上去还算令人宽慰。如果现行法律不变，它预计联邦赤字占 GDP 的比重将在 2010 年代中期降至 2.5%，之后略有上升，到 2022 年，这一比重会接近 4%。根据这一发展的轨迹以及该办公室对利率的预测（即平均利率逐步上升到经济的名义增长率），联邦债务占 GDP 的比重预计会从 2012 年的 72.5% 上升到 2014 年的 78%，之后会略有下降，并于 2022 年恢复至 2014 年的水平（见图 18）。这个结果在表面上还算令人满意：在 2010 年代中期，债务率会大致稳定，尽管仍然偏高，且自 2017 年起有上升的趋势。国会预算办公室的规划是在 2012 年《美国纳税人救助法》生效后作出的。根据该法律，替代性最低税（AMT）的起征线需要根据通货膨胀率的情况加以调整（这一调整是《美国纳税人救助法》的规定之一）。国会预算办公室的规划考虑到了这一调整，从而避免了对未来财政收入的系统性高估。此前的规划是以"法律无变化"为条件的，因此对未来的财政收入的预测经常出现高估。这一预测当然还包括《美国纳税人救助法》的其他规定，特别是对年收入高于 40 万美元的单身纳税人来说，他们的最高税率将从目前的 35% 提高至永久性的 39.6%。对开支的控制以及 2011 年 8 月通过的债务上限的提高，被认为是可以付诸实施的（CBO，2011）。这一预测也考虑到了《预算控制法》设定的可支配支出的

上限以及财政开支的自动削减。其结果是，可支配总支出
（包括国防支出与非国防支出）的增长率远远低于名义 GDP
的增长率。到 2020 年代初，前者尚达不到 GDP 的 6%，这
是过去几十年来的最低水平了。

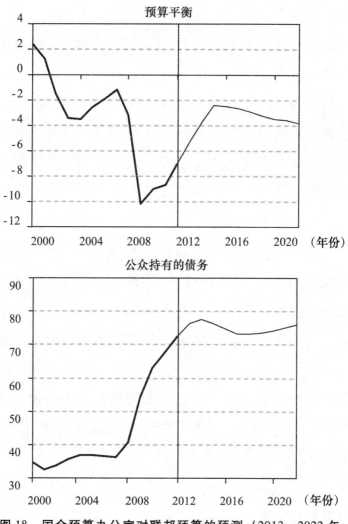

图 18　国会预算办公室对联邦预算的预测（2013—2022 年，
占 GDP 的比重）

资料来源：国会预算办公室。

　　然而，国会预算办公室所取得的这些成果并非预测，而是规划。在整整十年内，这种大胆而全面的控制支出远未得到保证。尽管存在着诸多不足，这一规划为美国政府大致稳定其公共债务占 GDP 比重的努力提供了一个可行方案：自 2013 年起，初级联邦财政赤字占 GDP 的比重必须在未来下降 5 个百分点。

　　初级预算赤字并非首次得到削减。早在 1990 年代，初级预算平衡就已增加了 6 个百分点，由占 GDP 的 1% 的赤字转变为占 GDP 的 5% 的盈余。不过，这种改善是由 1990 年代末企业实现的增长所推动的。尽管国会预算办公室计划改善财政状况的方案较为温和，但规定在 2015 年就要基本实现。换言之，这一速度并不算慢。另外，在当前形势下，它所提出的种种限制注定要妨碍经济增长。因此，有必要重新考察国会预算办公室所作的基本假设，即经济增长率到 2014 年增至 2.6%，2015—2018 年维持在稳定的 4%，同时使失业率在 2018 年回落到 5.5%；2019—2022 年的年均经济增长率维持在 2.2%。然而，由于公共赤字的减少能抑制经济活动，因此，指望在 2010 年代中期使经济保持加速增长的想法似乎太冒进了。不过，相对较弱的经济增长意味着更强的紧缩预算政策，这样才能有效稳定债务占 GDP 的比重。

预算的再平衡

　　因此，至关重要的是，应衡量在何种程度上调整基本预算平衡才不至于过分抑制经济活动。正如第二章所指出的，答案显然取决于美国私人机构的融资能力在未来的变

化。在紧缩财政预算时，私人储蓄倾向下降越大，对经济
增长的抑制就越小。在家庭收支活动方面，仍存在有利于
变革的微小机会；由于需要削减过多的债务，家庭的金融
储蓄率将维持在积极的范围内。我们似乎可合理地推断，
到 2017 年，家庭债务占 GDP 的比重将会逐步下降到
1%—2%（见图 19）。与此同时，企业的财务状况也在好
转。2012 年，企业净利息支出占营业收入的 18%，接近
过去四十年的最低水平。尽管企业通常都有财务逆差（即
企业的利润额小于投资额），但是在 2012 年末，企业的财
务盈余（即企业的利润额大于投资额）占 GDP（或国民收
入与产出，NIPA）的 3%。如果公司的投资能够确保在
2017 年之前使潜在 GDP 的年均增长率达到接近 2.5% 的水
平，并继续保持利润对 GDP 的高比率，那么，在未来几年
内，其融资能力很可能只是略有下滑，并将在 2017 年末
接近 GDP 的 2%（见图 19）。

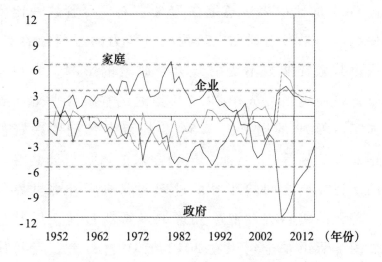

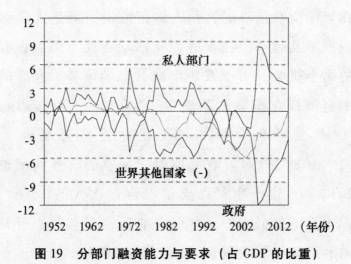

图 19　分部门融资能力与要求（占 GDP 的比重）

资料来源：美国经济分析局、美国联邦储备及作者的计算。

　　如果上述假设成立，相对较快地削减公共赤字会产生怎样的后果？为说明当前美国经济所面临的挑战，我们可以假设公共赤字占 GDP 的比重会在 2017 年回升至 3.5% 左右。当联邦赤字维持在 3% 的水平上，赤字的削减速度将会比国会预算办公室所预计的要慢一些。但债务占 GDP 的比率将被稳定在 75% 左右，尽管这一比率略微偏高。如果考虑到私人机构融资能力的可预计的变化，并假设其融资能力不受财政紧缩政策的影响，公共赤字的改善将使美国经济在 2017 年重返经常项目平衡（若公共赤字占 GDP 的比重为 3.5%，则私营部门的融资盈余是正好与之相等）。然而，国内需求的增长与公共财政领域的上述变革之间的兼容反过来又取决于外部世界的需求、美元的实际有效汇率和影响经常项目的任何其他因素。国际货币基金组织在 2012 年 10 月对美国贸易伙伴的增长率所作的预测显示，只有当美元实际汇率不变，同时以相对较弱的国内经济增长为代价，才有可能消除经常项目赤字。在这种情况下，2013—2017 年 GDP 的年均增长为 2.4%，失业率将维持在略低于 8%，远远高于国会预算办公室的预期（5.6%）。美元汇率的下跌有助于减少约束美国经济增长的因素。美元实际有效汇率贬值 15% 左右能够使 GDP 的年增长率超过 3%，并使失业率回落至略高于 6%。这些估计是富有启发意义的。只要家庭和公司具有切实的融资能力，并在美元汇率不变的情况下促使美国的公共财政回到可持续的路径，就意味着高失业率是可以承受的。

尽力保持经济增长

当然，再平衡财政预算的各种措施也有可能减轻因巩固财政而造成的经济增长方面的压力。在 2012 年底，美国决定仅对较富裕的家庭增加税收，这不失为一种减轻增长压力的方法。通过限制储蓄而非限制支出，这种以牺牲家庭财政盈余（并非其消费倾向）为代价来降低联邦赤字的做法有可能成功。然而，这一方案仅仅使得联邦收入占 GDP 的比重增加了 0.3 个百分点，显然，在增税方面共和党和民主党之间的妥协可能还远远不够。自 1990 年代初以来，收入与财富的不平等实际上已经加剧了。这一转变意味着由富裕阶层缴纳所得税的份额大幅上升：在 2009 年底，占总人口 20% 的高收入者缴纳了其中的 94%，而在 1979 年这一比例只不过是 65%；收入排行榜上前 5% 的群体（2009 年的收入超过 134000 美元的人）缴纳了其中的 64%（见图 20）。在 2012 年末，通

过将增税措施扩展至收入排行榜前5%的纳税群体，联邦
收入可以再增加 GDP 的 0.3 个百分点而无须大大加重家
庭开支负担。

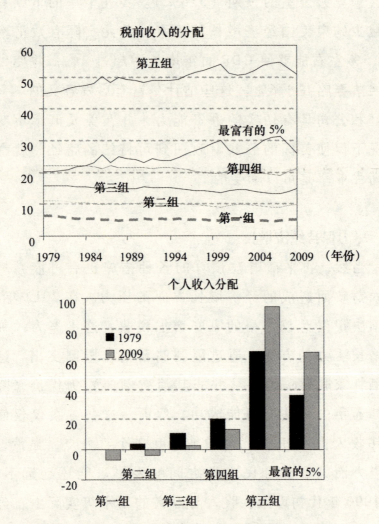

图 20   1979—2009 年家庭收入不平衡程度（百分比）

资料来源：国会预算办公室。

　　提高企业所得税税率（这一措施并不独为民主党所热
衷）也能够在不过分抑制增长的情况下削减预算赤字。自

1950 年代初以来，名义公司税税率由 50% 下降为 20%。诚然，这一下降部分是由于所谓 "S 公司" 的比重上升所造成的。"S 公司" 无须交税，因为它们的股东已经被征收了个人所得税（无论利润是否进行了分配）。在 1986 年税制改革前，"S 公司" 对利润总额的贡献率非常小，到 2008 年才达到 30%。尽管税制改革中对名义公司税税率的调整使得税率下降的趋势出现另一种略微不同的情形（见图 21），但并不能消除税率下降的趋势。实际上，多数发达国家都存在这一趋势。Markle 和 Shackelford（2010）基于公司数据的研究显示，荷兰公司税的实际税率下降了 10 个百分点，英国和美国下降了 5 个百分点。和其他国家的公司一样，美国公司现在正在获取丰厚利润，然而，由于国内需求不振，它们不愿将其所得全部用来投资。在 2012 年末，仅非金融公司的金融资产所累积的流动性就超过了 GDP 的 11%（1.8 万亿），这几乎是 1990 年代初的两倍。即使暂时提高公司所得税税率或者取消某些税收减免，也有助于在不对经济活动造成太大影响的情况下恢复预算平衡，尽管这将减少约 1000 亿美元的年财政预算收入（Kocieniewski，2011）。这是因为，公司所得税并非财政收入的主要来源。2012 年，公司所得税总额仅占 GDP 的 1.6%（见图 21）。如果企业所得税实际税率增加 5 个百分点，企业所得税占 GDP 的比重将更接近其长期平均水平，还能够增加约占 GDP 的 0.5 个百分点的财政收入，而企业的财政盈余也会相应降低。

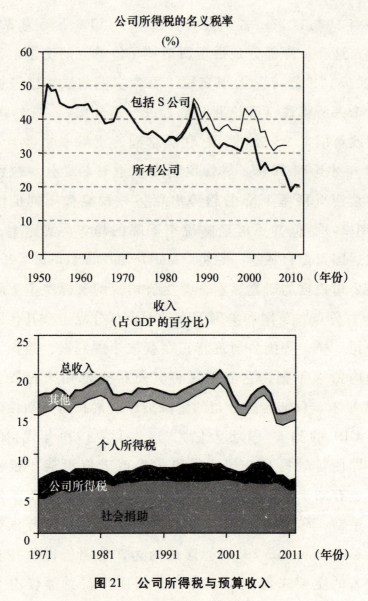

图21 公司所得税与预算收入

资料来源：美国经济分析局与美国国内收入署。

就整体而言，上述两项措施能够使预算平衡改善 GDP 的 0.5 至 1 个百分点，并大致降低等量数额的私人储蓄倾向。如果这些措施得以实施，美国将在不影响增长的情况下实现国会预算办公室所设定的财政紧缩基本目标。因此，我们所设定的 2013—2017 年期间稍高于 3% 的增长率只有在美元实际汇率"仅仅"下降 10%（并非之前认为的 15%）的情况下才能实现。单从数字来看，最迟到 2010 年代末恢复美国基本预算的平衡并非不可能。

然而，从 2013 年初的情况来看，根据上述合理的规划制定和保持联邦预算的政治过程却困难重重。2011 年夏天，茶党中的共和党人顽固反对提高税率而导致国会陷入僵局，就是一个明显的例证。当时人们希望国会能在 2012 年年底达成一项协议，以避免强制执行自动削减开支计划。但事实表明，事态并未改观。这种政治瘫痪导致美国丧失了标准普尔 AAA 级评级。而且更具破坏性的后果是，预算中的核心问题（即对社会项目的资助）在今后十年不可能得到解决。事实是，美国越早对如何改革这些项目表态，就越有时间将公共债务在 2010 年代推回到可持续发展之路。

第三节 一种可量化的风险？

最近几十年，预算支出的结构不断发生变化，这使得人们首先关注的是演变趋势本身以及政府和国会将如何解决这一问题。20 世纪 60 年代中期，美国通过了公共卫生保健方案（对超过 65 周岁的老人以及最弱势群体提供医疗补助）。因此，社会项目支出在预算中的份额激增，其占 GDP 的比重从 1965 年不足 5% 上升到 1975 年的接近 10%。不过，从 1970 年代中期到 2000 年，总预算支出相对稳定，这掩盖了医疗保险和医疗补助支出不断上升的趋势。这类支出在过去 10 年间开始加速增长（见图 22），具体来说，从 2000 年到

2010 年，医疗保健支出占 GDP 的比重增加了两个百分点，相当于之前 20 年间的增幅。

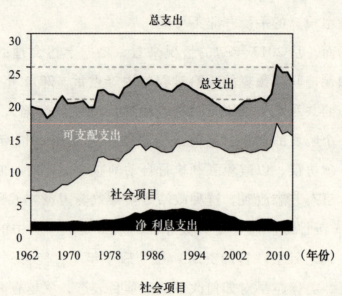

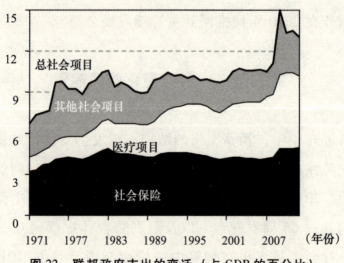

图 22　联邦政府支出的变迁（占 GDP 的百分比）

资料来源：国会预算办公室。

改革社会项目的需要

同其他发达国家一样，美国目前正面临着改革公共养老金和医疗保健系统的难题。相较其他国家，美国的这一问题更为棘手。在美国，人口老龄化强化了医疗项目主要受益者的政治权利。众议院前发言人提普·奥尼尔早在 20 世纪 80 年代就已经意识到这个问题。当谈到社会保障时，他说："社会保障问题一碰就死。"2010 年 3 月，奥巴马签署了旨在改革卫生保健制度的《患者保护与平价医疗法案》，这是在改革谈判中掌握并利用政治资源的绝佳案例。

不过，为了遏制社会项目支出的上升或确保其资金来源，还应考虑其他一些性质相同的问题。国会预算办公室在 2012 年 6 月作长期预测时指出，在未来几十年，特别是由于医疗费用上涨，社会项目所需的费用将不断上涨。2037 年，"婴儿潮"那一代将达到退休年龄，如果立法环境不变，这会使社会保障福利支出占 GDP 的百分比增至 6.2%，上升 1.3 个百分点。尤其是在老龄化与医学进步的综合影响下，医疗项目的成本将显著持久上升，其占 GDP 的比重将从 2012 年的 5.3% 上升至 2022 年的 7%，2037 年将维持在 9.5% 左右。2037 年，三个主要社会项目（社会保障、医疗保险和医疗补助）的总支出将超过 GDP 的 15.5%，目前，这一比重为 10.2%，即便是到 2022 年，这一比重也不过是 12.5%（见图 23）！

总的来说，如果不进行重大改革，社会项目开支将维持上升趋势，这会使初级预算赤字占 GDP 的比重增加 5 个百分点，2022 年至 2037 年将增加 3 个百分点。

由于削减其他支出的可能性越来越小，因此，如果带着不平衡的初级预算进入下一个十年，形势会更加危急。到 2022 年，可支配支出将仅占 GDP 的 5.6%，而在 2012 年，这一数字是 8.3%。因此，要想抵消社会项目开支上升带来的影响，就必须在接下来的 15 年内降低这一比重！如果初级预算赤字占 GDP 的比重在 2022 年到 2%—3%，那么，预算逐渐恶化的前景就不那么令人担忧了。然而，鉴于当前已经累积了巨额债务，新增债务可能会迅速变得难以控制：尽管初级联邦预算可能在 2021 年实现平衡（联邦赤字总计"仅占" GDP 的 3%），但债务占 GDP 的比重很可能已经从 2022 年的 75% 升至 2037 年的 95%。应该注意的是，如果 2022 年联邦赤字占到 GDP 比重为 5%，那么，这一比率将会一路飙升，在 2037 年将超过 130%。

因此，可将美国所面临的挑战总结如下：美国需要削减支出或增加融资，以便对社会项目进行意义深远的改革，并消除将在未来几十年间不断加剧的财政失衡。不过，那种以为这些变革能够为其他预算支出提供额外资源的看法是不切实际的。因此，正如前文所建议的那样，按照通常的审慎做法，美国应在下一个十年中将联邦赤字占 GDP 的比重降至 3% 以下，使初级预算接近平衡状态，否则就需要提高实际税率以稳定债务比率。

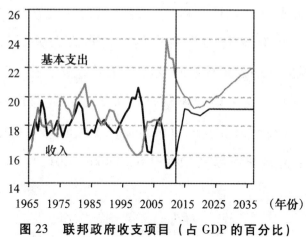

图 23　联邦政府收支项目（占 GDP 的百分比）

资料来源：国会预算办公室（2012，2013）及作者的计算。

然而，使美国公共债务重返可持续性将遇到的困难不应被低估。考虑到重返可持续性的回报是逐步实现的，在今后几年内，当遭遇限制增长的力量或冲击时，美国经济会表现得比现在所预计的还要脆弱。如果国际环境恶化，这极有可能发生。比如，如果在未来几年出现石油冲击或新兴地区的增长明显放缓，美国当局将面临艰难抉择。如果美元没有发生必要的贬值，结果也一样。另外，由于近年来债务占GDP 的比重仍在不断攀升，且维持在一个相当高的历史高位上，美国政府的信誉会时常受到怀疑，而这会危及整个美国债券市场的平衡。

由外部世界或美国联邦储备保证的债券市场平衡

1995—2007 年间，"外部世界"购买了大部分的美国国债，但从 2009 年到 2012 年，"外部世界"的购买量仅占国债发行总量的40%左右。自 2008 年以来，国内机构很大程度上取代了"外部世界"的领跑地位（见图 24）。然而，长期利

率非但没有上升，反而下降了。毫无疑问，这一成就的取得
离不开美国联邦储备的重要作用。它购买的大量长期债券
（无论美国国债还是担保抵押债券）成功地使期限风险溢价成
为负值。然而，其主要影响却是口头上的：通过广泛宣传其
"持续地"推行超级宽松的货币政策，美国联邦储备成功降低
了对未来实际政策利率的预期（Bernanke，2013）。

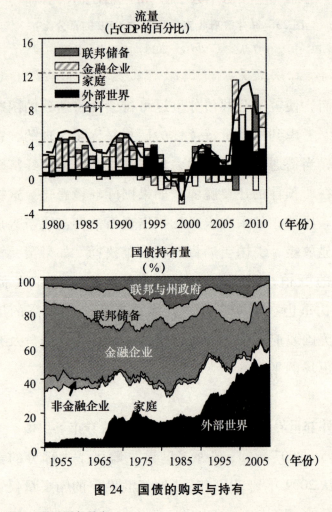

图 24   国债的购买与持有

资料来源：美国联邦储备。

如果美国联邦储备不再继续购买美国国债，它还能够继续推行温和的长期利率政策吗？Celasun 和 Sommer（2010）在最近的一项研究中对此表示怀疑。他们强调，外国需求与美国国债的发行数量不可能同比例增长，因此，要想使国内私人机构在将来购买增发的国债，就必须提高实际利率。然而，对债券市场总体平衡所作的更广泛的研究可能得出不同结论。虽然自 2007 年以来，国债（GDP 的一部分）的发行量急剧上升，但债券的总发行量则下降了一半。这是因为，公司和抵押贷款证券化机构（如房利美和房地美）自 2009 年以来几乎没有发行任何公司债券（见图 25）。当然，这并不令人吃惊：和其他地方一样，政府已轻松介入，取代了私人借款者，成为债券的持有者。只要维持这一局势，就不会存在政府对其他借款人的挤出效应，当然，也不要指望由此带来债券实际利率的上升。

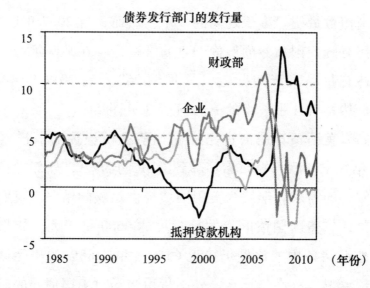

债券发行部门的发行量

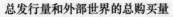

图 25　1985—2012 年间债券净发行量（占 GDP 的百分比）

* 由美国财政部、州政府和地方政府、抵押贷款机构和企业发行的债券。

资料来源：美国联邦储备。

　　如果我们现在看一看外国买家在整个美国债券市场上的地位的演变，就会发现，形势已经发生了巨变。诚然，外部世界购买债券的结构已经发生变化：2008—2012 年，外国买家不再只购买单一的公司债或抵押贷款债券，它们每年购买的国债数量明显多于之前的十年。然而，自 2007 年以来，外国持有的美国债券的份额一直非常稳定：在某些年份，它们的持有量略高于四分之一（见图 25），到 2012 年年末，它们仍然持有几乎一半的美国国债（见图 24）。

　　如果美国预算的演进路径确如前文所描述的那样（在2010 年代末使联邦财政赤字降到 GDP 的 3%），外部世界对外汇储备的需求将继续为美国国债提供足够的销路。我们的方案预计，美国国债的年发行量可达 6600 亿美元。如果美元在外汇储备中的比例仍接近 65%，并且 85% 的美元储备是以证券形式存在，那么，外国货币当局对美国债券的需求将上升至每年接近 5000 亿美元。这足以继续吸收美国在未来发行国债的一半。

如果联邦赤字会在 2010 年代中期降至 3% 后回归到可持续性，那么，在这一阶段中，出现紧张局势的可能性仍然很大：债券的发行量将是巨额的，而削减赤字的承诺则是令人生疑的。然而，只要经济复苏仍很脆弱，一旦存在利率大幅上升的危险，美国联邦储备将会和现在一样，毫不犹豫地确保市场均衡。《联邦储备法》实际上已将这一责任明确地赋予美国联邦储备。它要求中央银行必须设法"促进有效的最充分就业、稳定的物价以及稳健的长期利率目标"。美国联邦储备主席本·伯南克（2010）重申了这一点，他说："稳定长期利率经常被排除在美国联邦储备的任务之外，这并非是由于该目标不重要，而是因为稳健的长期利率通常是稳定价格的副产品。"（Bernanke，2010）

与美国财政预算战略伴生的风险由此似乎可以被量化。尽管可以控制公共借贷成本快速上升带来的威胁，但持续疲软的增长和居高不下的失业率对美国社会所造成的影响可能是巨大的。这意味着，保持经济增长比巩固公共财政更为紧迫，因此美国联邦储备可能会为了维持低利率而进行干预，直到经济复苏得以确保。显然，这一战略并不意味着美国无须努力削减赤字，它只是强调美国终将付出这种努力。但这反过来又使人们对美国的资信时刻持怀疑的态度。这些疑虑也许会导致利率上升，即使没有的话，至少也会导致美元的贬值，因为外国持有者很可能会突然抛售美国国债。如果医改项目能够在下一个十年之初迅速消除财政失衡不断加剧的可能，此外，如果能够达成明确的政治协议，以便采取某种方式使公共债务回到可持续轨道上，那么，人们才不会对美国失去信心。

第五章　欧洲的悲剧

　　主权债务危机居然在欧元区爆发，乍看起来是令人惊讶的。实际上，欧洲国家的公共财政议题常常引起人们的特别关注。一方面，这些国家的政府开支负担（尤其在社会领域）比美国或日本的重。但是，在它们创建单一货币时，曾专门制定了限制公共赤字和公共债务规模的规则，以避免爆发预算危机的风险。不幸的是，这些规则没有得到遵守，而且，货币一体化使不同国家的私人行为者的借贷行为出现了预料不到的差异。2007—2009 年的危机使这一趋势戛然而止。如同世界上的其他地方，欧元区国家的预算平衡不断恶化，有些国家的情况格外严重。

　　欧元区要求每个成员对自己的债务负责，因此，各成员发现自己处于这样一种不利的形势：市场对一国资信的疑虑对另一个金融形势不佳的国家产生了影响，而这些国家却无法阻止此类影响的传播，也难以阻止某种特定的市场力量对高债务、高赤字的国家产生巨大影响。事实上，这一力量逐渐被一些国家的政府（尤其是德国政府）利用。这些国家的政府要求欧元区的所有成员快速削减赤字，强化那种有助于遏制未来举债的机制。这样一种紧缩将遏制未来增长，恶化社会的紧张状态，从而损害欧元货币体系的活力。

第一节　欧洲的弱点

　　2006 年底，即在金融危机前夕，欧元区的公共债务总额相当于 GDP 的比重已上升到 75%，当时美国的这一比值仅为 60%。在欧元区内，不同国家的这一数据：爱尔兰最低，仅为 30%，希腊和意大利最高，为 120%。为了更好地理解这一债务负担，我们可以把它与还本付息的财政收入做一比较。2006 年，欧元区国家的公共债务总额接近两年的税收额，这与美国的比率相差无几。如以净额为基础，欧元区国家之间的差异很大：芬兰的净资产额相当于一年多的税收，而希腊和意大利的则相当于两年的税收，不比日本低多少（见图 26）。

债务总额占 GDP 的比重（%）

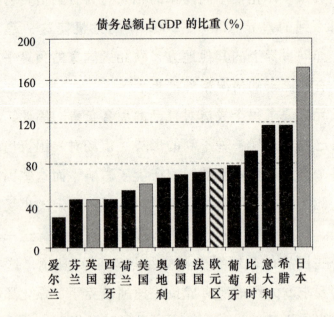

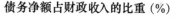

债务净额占财政收入的比重（%）

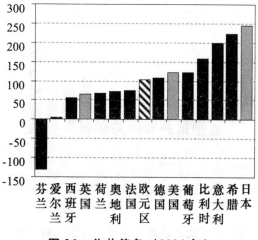

图 26　公共债务（2006 年）

资料来源：OECD。

　　欧元区与美国、日本的不同之处在于预算的规模及性质。在欧元区，1999 年至 2006 年期间公共开支的平均数约相当于 GDP 的 50%，日本和美国分别为 40% 和 35%。在很大程度上，这一差别的根源是欧元区的社会开支大大高于美国的社会开支：欧元区是美国的 1.5 倍，而差异之处不是卫生保健开支，而是其他社会开支项目，主要是养老金和失业补助金（见图 27）。

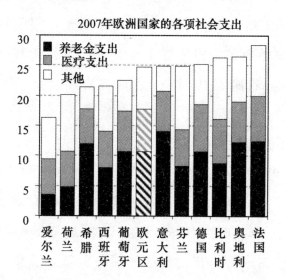

2007年欧洲国家的各项社会支出

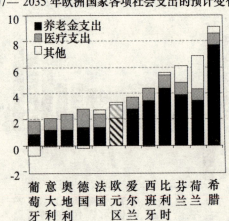

2007—2035 年欧洲国家各项社会支出的预计变化幅度

图 27　社会开支（相当于 GDP 的比重）

资料来源：OECD 及欧盟委员会。

　　欧元区各国的这个数据是各不相同的，而且是令人担忧的。如前所述，社会开支是资产平衡表以外的承诺的主要来源，其中人口老龄化和医疗成就的成本更大。欧盟委员会在 2008 年所作的一项调查表明，如果法规不发生变化，未来的社会支出将因人口老龄化而进一步增加，增加部分相当于 GDP 的比重将在 2035 年超过 3%（略低于美国），增加的部分主要是养老金。欧元区内不同国家的差异很明显：爱尔兰和西班牙的增加部分将相当于 GDP 的 4%，比利时、芬兰和荷兰为 6%，希腊超过 9%（见图 27）。

长期不遵守财政纪律

　　《马斯特里赫特条约》的签字国认识到公共财政的失衡会导致不稳定，因此它们制定了规则，以确保财政纪律得到起码的遵守。如在第 104 条 B 款，《马斯特里赫特条约》规定，每一个国家都应该对自己的债务负责。后来，这一条款被曲解为不准成员国政府相互提供资金援助（Pisani – Ferry，2011）。为确保各成员国承担其责任，《马斯特里赫特条约》的第104款还要求中央银行不得通过提供任何形式的透支或其他形式的信贷直接为成员国融资，"不得直接购买债务工具"。除这些基本原则以外，还有无数加入单一货币区的标准：预算赤字相当于GDP的比重低于3%、债务相当于GDP的比重不超过60%。如果高于这一百分比，必须采取措施使该指标"大幅度而持续地下降"。

因此，在单一货币问世之前，候选国的公共赤字出现了大幅度的下降，公共债务也不再增加，甚至下降。进入单一货币区后，政府就必须服从《稳定与增长公约》的规则，这些规则确立了各种指标和安排来临督成员国。但其无效性很快就显现出来：大国很难遵守这些规则，而且欧盟委员会的制约权有限，无法有效约束成员国按章办事。

过度赤字程序曾适用于2002年底的葡萄牙和德国、2003年初的法国和2004年春季的荷兰，但后来都被放弃了，只有希腊是例外。由于希腊无法提供可信的预算数据，2004年5月对希腊启动了过度赤字程序，2005年向希腊提出了正式的告知程序。欧盟没有能力确保各成员国遵守公约的规定，更无法使其接受公约的精神。为在经济衰退时期发挥预算在刺激经济方面的作用，政府应该在经济上升时期巩固财政。但在2005年左右，没有一个国家做到了这一点，都把公约中的"例外的发生"这一概念当作是理所当然的。

图28归纳了欧元区不同阶段的情况。尽管财政纪律松弛，欧元区作为一个整体，在金融危机爆发的2007年，公共财政赤字相当于GDP的比重不足1%，公共债务比率在1997年至2007

年的十年中跌落到将近65%（即下降了10个百分点）。如果考虑到所有情况，上述积极的成果有不消极的因素存在。最大的两个国家（德国和法国）遵守了马斯特里赫特指标，但希腊却反其道而行之，至少目前的数据可以说明这一点。2007年夏，

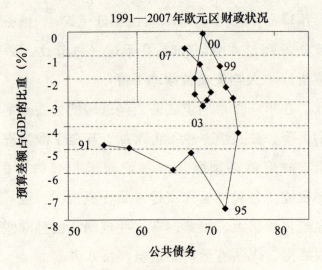

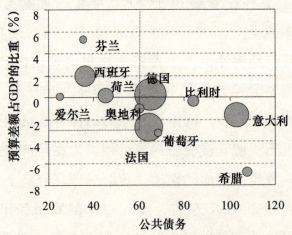

图28　公共财政平衡与公共债务的演变：马斯特里赫特的标准

（相当于 GDP 的比重）

资料来源：OECD。

欧盟委员会被告知，希腊的公共赤字已从 2004 年的 8% 下降到 2006 年的 2.6%，因此对希腊的警告程序被终止。但现在我们知道，希腊的赤字当时是超过了 6%。

私人行为者的金融行为出现了意料不到的差异

《马斯特里赫特条约》未能预料到（甚至根本不想纠正）的是，在欧元区内实施单一货币政策时，有一种潜在的不稳定性，即各成员国在金融领域的差异性很大。事实上，同一种货币政策会导致不同国家之间的私人借贷行为出现巨大的差异。如果经济行为者认为预期的通货膨胀率会导致利率高低不一，私人借贷行为就会出现差异；如果不同国家之间的金融惯例不一样，这种差异也会发生。欧元问世后，上述情况全都出现了。货币一体化后，大企业融资的金融市场实现了整合，而面向家庭和小企业的零售银行业部门则仍然是以国别为基础的，面向家庭的抵押贷款业务尤其如此。例如，德国主要使用固定利率，而西班牙家庭的抵押贷款则采用浮动利率，因此，西班牙这种贷款的利率在 2003 年和 2004 年期间下降了 100 个基点。

除借贷成本的变化以外，不同国家进入欧元区时的债务负担也是各不相同的。1990 年代后期，私人行为者（尤其是家庭）的"金融背景"各不相同。德国和荷兰的家庭拥有大量债务（分别占其可支配收入的 100% 和 120%），与此同时，西班牙家庭的债务负担不重，仅占可支配收入的 50%，与法国家庭相似。这些不同之处使得金融危机之前欧元区内不同国家的金融行为出现了巨大的差异性。家庭借贷行为的不同在很大程度上能解释危机前国内需求的不同。鉴于欧洲国家的贸易是相互开放的，经常项目平衡的演变过程反映出国内需求的不同增长率。在这一时期，德国的经常项目平衡在改善，这在很大程度上是因为它的国内需求的增长速度不及其他国家。与此同时，西班牙、爱尔兰和希腊的国内需求则增长较快（见图 29）。

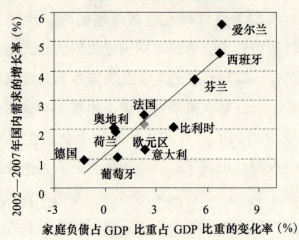

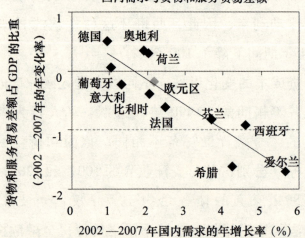

图 29   家庭负债、国内需求及商品和服务贸易平衡（2002—2007 年）

资料来源：欧洲统计局、汤姆逊数据库及作者的计算。

　　因此，2000 年代初，欧元区成员国内部储蓄的转移模式是与世界上其他地区的模式相提并论的。如同在中国，德国家庭的净放贷量在上升，尽管当时工资相当于 GDP 的比重在下降。这一情况之所以发生，主要是因为：在西班牙（如同在美国），私人举债快速扩大，吸纳了由此而来的储蓄。因此，如同在其他地区，2007—2009 年金融危机突然使这一"均衡"出现了问题（见专栏 5）。随着私人举债的急剧减少，公共部门的举债应运而生。在为期两年的时间内，欧元区国家的公共财政快速恶化，尽管恶化的程度不及美国和日本。2009 年底，公共债务相当于 GDP 的比重平均上升了 15 个百分点，预算赤字从 1% 提高到 6%。尤其是那些私人债务上升幅度最大或预算形势早已恶化的国家，形势更为不佳。爱尔兰和西班牙被无情地排挤出好学生俱乐部，希腊的遭遇更为不利，因为它的公共债务相当于 GDP 的比重接近 130%，财政赤字为 16%。

专栏 5　资本流动、TARGET 2 平衡及经常项目平衡

　　TARGET（泛欧实时全额自动清算系统，Trans – European Automated Real – time Gross settlement Express Transfer System）是一种欧元区银行实施的大规模支付体系。2008 年，TARGET 被 TARGET 2 取而代之。它是一种由法国中央银行、德国中央银行和意大利中央银行代表欧元体系建立和管理的一种共同平台。这一平台的原则简单明了。例如，当一家西班牙商业银行将资金转移到德国商业银行时，德国中央银行将其记为德国银行的贷方，西班牙中央银行将其记为西班牙银行的借方。与此同时，德国中央银行对欧洲中央银行拥有债权，西班牙中央银行对欧洲中央银行则是负债。各国中央银行的借贷是在欧洲中央银行层面上清算的：如果西班牙的商业银行对欧元区其他成员的支付大于其他成员国对西班牙的支付，西班牙中央银行对欧洲中央银行的债权就会增加。只要欧洲中央银行能通过其再融资提供必要的流动性，这些平衡是没有限制的。但再融资的数量受制于这些银行的合格的担保的数量。欧洲中央银行扩大了担保的种类，有些成员国的中央银行通过"紧急放贷援助"这一渠道，进一步扩大了担保的种类。

图 30 以两个国家为例，说明了 TARGET 及欧元体系发挥的作用。在危机前的西班牙，私人资本的净流入量（银行信贷、直接投资和间接投资）足以弥补商品和服务贸易的逆差。2010 年 5 月危机爆发后，虽然经常项目逆差在减少，但私人资本流入量（甚至包括同业银行之间的流动）仍然不足以扭转资金流动方向。TARGET 中西班牙中央银行的负债平衡将其取而代之，因此，2010 年 7 月，西班牙中央银行的"TARGET 债务"接近 1000 亿欧元。2011 年 5 月发生的第二幕更具戏剧性：由于人们担心欧元崩溃，投资组合（更为重要的是同业银行的资金流动）发生了大幅度的逆转。2012 年 8 月，西班牙中央银行对欧洲中央银行的负债高达 4300 亿欧元。相反，德国银行则得益于储蓄的流入，不太愿意向外围国家的银行放贷，因此，德国私人资本净流出额被"TARGET 债权"的积聚取而代之，2012 年 8 月，德国中央银行平衡表上的资产达到 7600 亿欧元。

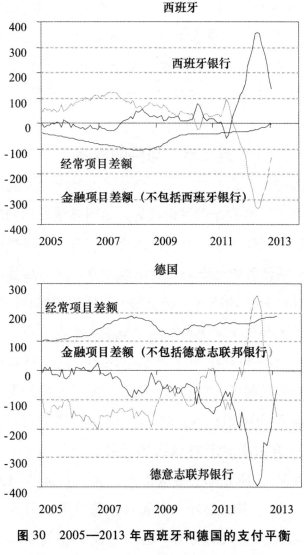

图 30　2005—2013 年西班牙和德国的支付平衡

（单位：十亿欧元，12 个月的累计净流动额）

资料来源：西班牙中央银行、德国中央银行。

　　欧元区体系的这一运行规则使欧元区外围国家的银行避免了类似于东亚金融危机那样的流动性危机，为此而付出的成本是增加了 TARGET 的失衡。这一现象是一个有争议的问题（Sinn & Wollmershäuser，2011），尤其是与德国中央银行的风险有关的问题，更是如此。事实上，与 TARGET 体系的运作有关的损失会在参与国的中央银行之间按照既定的规模进行分配，这一分配与其在该体系中的平衡无关。如果欧元区崩溃，情况会变得捉摸不定。

第二节　可怕的旋涡

2009 年底，即在金融冲击之后，如同其他发达国家，欧元区成员国的预算步入了不可持续的道路。由于初级财政平衡未见改善，公共债务的比率必然会继续上升。这一形势本身并不具有戏剧性。为在 2015 年之前遏制公共债务的增长，作为一个整体的欧元区必须将初级预算赤字减少 4 个百分点，相当于美国的一半（见图5）。在 5—6 年的时间内，这一财政巩固的努力不会大幅度阻碍经济增长。例如，只要使初级开支的上涨幅度略高于名义 GDP 增长率，欧元区成员国就能实现其目标。

用这一方法来实现财政巩固不是没有风险的。一方面，在这一过程中，债务率会继续上升，尤其在那些债务负担较重的国家，债务率的上升会引起人们的担忧，因为它们需要作出比一般国家更大的努力。另一方面，在债券市场上，欧元区内各国的举债是各不相同的：各国遵守的规则使各国资信面临的疑虑也不同。没有一个国家的当局能左右来自主权债务市场的压力。这一情况实际上是有意造成的，因为市场压力能对政府的财政纪律施加影响。

希腊危机首先爆发

但是，希望市场压力对政府政策产生影响的愿望是不现实的。人们希望债券市场拥有超人的洞察力，然而，如同股票市场，债券市场同样是短视而胆怯的（Brender & Pisani，2001）。欧元区危机的爆发再次证明了这一点。2009 年秋，尽管希腊财政状况因公共赤字大幅度上升而恶化，但这个国家仍然在举债，其支付的利率略高于其他欧洲国家的利率。但外部发生的事件突然使市场对主权风险的态度发生了重大变化。11 月底，迪拜酋长国称其可能要对其担保的债务进行重新安排。

富国联盟（如阿拉伯联合酋长国）的一个成员居然会重新安排其债务，这彻底改变了市场参与者的心态。因此，数日后，希腊的十年期国债收益上升了 100 个基础点。如此大幅度的上升，一旦长期保持下去，将意味着希腊的债务率会增加 1 个百分点（希腊的债务率已经高达 10%）。尽管如此，希腊的债务率仍然在上升，使稳定债务的努力难以发挥作用。与此同时，拥有希腊债券的损失也在加大。2010 年 1月底，尽管希腊宣布要实施宏伟的紧缩计划，但其五年期国债收益率仍然上升到接近 7%（见图 31）。这意味着，继续举债无异于自杀。

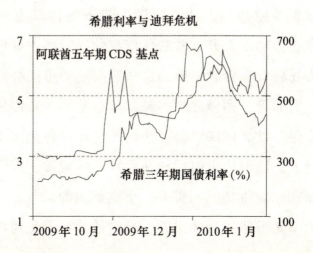

希腊利率与迪拜危机

阿联酋五年期 CDS 基点

希腊三年期国债利率(%)

2009 年 10 月　　2009 年 12 月　　2010 年 1 月

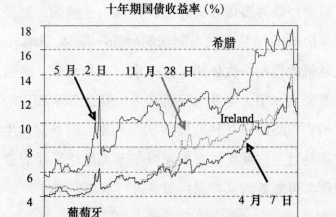

图 31   公共利率的传染效应

资料来源：汤姆逊资料库及彭博社。

　　欧元区成员国面临的选择是简单的。如果希腊债务不可持续，那么允许希腊违约是一种符合逻辑的解决方案，但这会导致严重的后果。自第二次世界大战以来，没有一个发达国家对其债务违约过。对经济形势的判断是以经验为基础的。在市场中，违约是绝不可能发生的。如果不可能发生的事情最后发生了，那么类似事件发生的概率就会加大。这意味着，如果希腊违约，处于同样形势下的国家也可能会违约，利率也会随之上升。希腊仅仅在数周时间内就可能会无法得到市场融资。希腊所处的这一逆向动力可能会危及同样因不同原因而处于困境之中的爱尔兰、葡萄牙和西班牙。更大的风险是，欧元区成员国无法遏制这样一种逆向动力。在正常情况下，欧洲中央银行和其他欧元区成员国不可以为稳定价格而在二级市场上购买另一个成员国的债务。

　　违约不是一条可行的出路。金融援助可避免违约，其他国家为了向希腊放贷而举债，以便使希腊能偿还到期的债券和弥补巨额预算赤字。这一解决方案并非没有风险。如果与援助挂钩的条件过于优惠，希腊或许会放松其努力，面临困难的其他国家也会希望得到相同的待遇。另一方面，如果援助的条件太苛刻，即利率太高，巩固预算的努力太艰巨，那么希腊经济的增长前景就会变得黯淡，其债务水平回复到可持续的道路上的前景也会变得黯淡。2010 年 4 月初终于形成了一个援助计划，欧洲国家同意把 300 亿欧元的资金给予希腊政府。如果希腊提出要求，这一笔资金可由其支配。此后几天，希腊利率上升到 8%，4 月 23 日，这一援助计划终于启动。由于这一资金不敷需求，希腊债券价格的下跌没能遏制，与希腊的脆弱形势相同的爱尔兰和葡萄牙，也遭遇到相同的问题。数日后，欧盟峰会召开，这是此后召开的一系列峰会的第一个。援助希腊的金额提高到 1100 亿欧元，其中三分之一来自 IMF。为了向无法进入资本市场的其他国家提供融资，在其他成员国担保的情况下，一个新的机构问世了。这个机构就是欧洲金融稳定设施（EFSF）。EFSF 声称其反击危机的资金为 4400 亿欧元，但数日后又表明，它最多只能放贷不超过 2500 亿欧元。

欧元危机爆发了

欧元区成员国政府对危机采取的措施从一开始就出现了问题。它们试图实施援助计划，但实施该计划的目的不是为了遏制市场动力（见专栏 6）。为阻止道德风险，EFSF 贷款附加的条件至少在最初是严厉的，目的是劝阻那些希望得到援助的国家不要接受贷款，除非其进入资本市场的途径被彻底阻断。但是，这些国家的债务工具的价格会大跌，也会对面临同样不利形势的国家的债务工具产生严重影响，拥有这些债券的所有人都会面临损失。更为重要的是，由于 EFSF 无权在二级市场上购买债券，因此它难以为阻止市场的不良行为而直接在二级市场进行干预。

2010 年 5 月欧盟峰会后不久，欧洲中央银行认识到，"有些市场的组成部分面临着严峻的形势，损害了货币政策传导机制"。因此，它实施了一个购买公共债券的计划。在数周时间内，它购买了希腊、爱尔兰和葡萄牙的约 500 亿欧元债券（不足债务总额的 10%）。但这一行为受到限制：甚至在欧洲中央银行采取这一措施之前，德国中央银行行长阿克塞尔·韦伯就认为这样的购买不符合规定。他在数周后辞去欧洲中央银行管理委员会委员的职务。

专栏 6　是投机还是市场动力？

确定影响不同国家的债券市场的动力的性质，有助于我们懂得为什么欧洲权力机构在长达 2 年的时间内无法遏制危机的传染效应。发达国家发行的公债通常是由"一批吸纳长期储蓄的机构"（保险公司、养老金基金、共同基金以及主权财富基金）拥有的。其目的是希望在其资产平衡表上拥有流动性相对强、没有信贷风险和长期利率固定的资本。但是，当货币市场利率处于低水平时，银行和"喜欢冒险"的投资者（如对冲基金）也会拥有公债，以获取较高的利率（见图 32）。

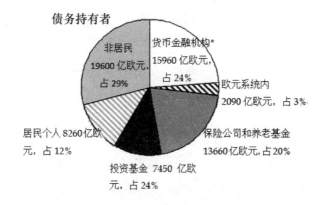

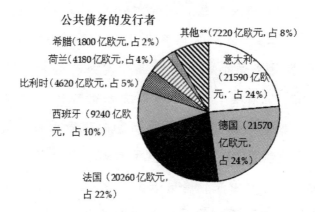

图 32 欧元区公债持有者（2012 年 12 月）

＊货币市场基金包括在"货币金融机构"中，不在"投资基金"中。

＊＊公共债券的"其他"发行者是奥地利（2490 亿欧元）、葡萄牙（1590 亿欧元）、爱尔兰（1170 亿欧元）、芬兰（1100 亿欧元）、斯洛伐克（420 亿欧元）、斯洛文尼亚（200 亿欧元）、塞浦路斯（120 亿欧元）、马耳他（60 亿欧元）和卢森堡（60 亿欧元）。

资料来源：欧洲中央银行。

　　现在让我们假设：希腊政府对其债务违约并非完全不可能发生。规避风险的储蓄吸纳者及敢于承担风险的投资者都希望为了减少自己的敞口而出售一部分债权。但是，由于风险承担者注意到债券价格在下跌，因此他们很快就会对这一趋势下赌注，即为了出售这些债券或用来购买信用违约互换（CDS）之类的衍生产品而借进这些债券。债券价格下跌会继续加快，使更多的长期储蓄吸纳者和冒险者抛售更多的债券。债券市场的走势会更为大起大落，因为流动性储蓄的吸纳者（如拥有大量储蓄的银行、货币市场基金）会减少自己的放贷量，将其转让给持有希腊债券的冒险者，从而进一步减少其持有量。在价格变动的过程中，投机会发挥加速器的作用，但即使没有投机，价格也会发生变动。这是金融体系对希腊风险进行突发性的重新评估的结果（认为持有量太大了），也是当局不希望购买这些债券的结果（因此私人行为者变成了抛售者）。遏制价格变动的唯一方法是降低希腊政府违约的可能性，即由其他国家的政府为希腊债务作无条件的、无数量限制的担保。出于对道德风险的恐惧，欧洲国家的政府没有对希腊债务作出这样的担保，从而使希腊的问题传染到陷于困境中的爱尔兰和葡萄牙。

如果欧洲国家不是单一货币区参与国的债务担保人，爱尔兰和葡萄牙违约的可能性是无法排除的，这些国家的债券的价格就会下降。储蓄的吸纳者曾被希腊债券"咬"过一口，因此必然会更快地减少持有量，敢于冒险的人也会减少其持有量。敢于冒险的银行是这一组的主体，在维系自己的地位时会遇到融资的困难。与美国银行不同的是，欧洲银行对批发市场融资（同业银行及债券）有很大的依赖性。不幸的是，由于每一个政府的资信都被重新评估，金融体系中的每一个成员对风险的恐惧都在上升，因此，拥有大量储蓄的银行（尤其是德国银行）就不愿意向那些手中持有价格下跌的债券的机构放贷（见专栏5）。这一方式产生了一种

市场动力，这一动力很快地影响了西班牙和意大利，并在
2011 年底危及所有欧洲国家。

这一情况实际上构成了一种典型的内生风险。换言之，这是一种"金融体系内形成并被放大的冲击产生的风险"（Danielsson & Shin，2002）。遏制这一动力的唯一方法是帮助金融体系消除一部分它已无法忍受的风险，如同 2008 年允许雷曼兄弟公司倒闭那样（Brender & Pisani，2009）。欧洲中央银行在 2010 年 5 月开始采取这一措施。通过购买处于困境中的国家的公共债券，化解了金融体系中的信贷风险和流动性风险。但购买债券的力度不大，2010 年 5 月至 7 月期间为 600 亿欧元，2011 年下半年为 1400 亿欧元。然而，2011 年底，欧洲中央银行干预的性质发生了变化。它启动了两次大规模的三年期再融资行动（2011 年 12 月和 2012 年 2 月），每一次都在 5000 亿欧元左右。这缓解了金融体系难以忍受的大量流动性风险，但未能消除用这一方式为债券提供再融资的信贷风险。2012 年夏，欧洲中央银行再次跨出一大步。它宣布，它将在"严格而有效的条件"下，在二级市场上购买欧元区成员国发行的债券。这一计划被叫作直接货币交易（OMT），在"技术上"是为了"捍卫适当的货币政策传导机制及货币政策的单一性"。事实上，这是一种"威慑"，事先对欧洲中央银行购买多少不作限定，尽管主要是购买期限在 1 年至 3 年的债券。因此，通过 OMT 进行干预的可能性有助于减少主权债券市场的压力。这是欧洲当局第一次用市场的力量来应对危机和稳定市场（而非搞乱市场）。

政府表现出的谨慎和犹豫不决是情有可原的。它们必须使纳税人信服，有必要承担向其邻国偿付债务的风险。此外，涉及的债务额不小。全部使用 EFSF 的资金意味着向德国或法

国的纳税人转移风险（相当于 GDP 的 8%）。因此，这样的谨慎和犹豫是可以理解的，但也使得政府无法采取快速反应的措施。其结果是，数月后，市场的力量继续在加大。继希腊之后，爱尔兰和葡萄牙先后向其他国家请求援助。

2011 年春，危机进入了一个新的阶段。在希腊实施的预算紧缩是此前一年通过谈判达成的援助计划的一部分。这一紧缩使经济活动出现了萎缩，经济和社会的无序暴露无遗。显然，正如一年前预料的那样，希腊无法在 2012 年中期重返资本市场。为了使这一承诺成为现实，希腊必须获得更多的公共融资。2012 年中期，欧洲稳定机制（ESM）取代了 EFSF。建立 ESM 的条约（草案）提出了由私人部门为政府融资作出贡献的想法，即放弃一部分债券。这一想法后来付诸实施了。

这一设想的原则不无道理，对市场力量产生的影响也是显而易见的。这一原则确保希腊和其他受援国对其债务进行重新安排，并使葡萄牙和爱尔兰的利率进一步上升。2011 年 7 月的欧盟峰会首次公布了私人部门可能会参与解决希腊危机的数字，[①] 意大利和西班牙的利率大幅度上升，直到数周后欧洲中央银行进行新一轮的干预后才停止上涨。这一干预的代价是欧洲中央银行首席经济学家于尔根·斯塔克辞职。

由于无法为遏制市场力量而采取集体行动（有些情况下甚至导致危机进一步恶化），欧盟成员国的政府只好单独

---

① 实施私人部门参与计划费时近一年：2012 年 3 月，私人部门"自愿地"将其持有的希腊公共债券换成新的债券（减记了约 50%）。接受新债券意味着现有的价值损失了将近 75%。这一做法与 2005 年阿根廷的做法极为相似，但有一关键的差异：希腊的交易高达 2600 亿欧元，比阿根廷高出 4 倍。希腊的减记表明，发达国家的主权债务不再是无资信风险的。

行动，力求使自己少受危机的影响。除此以外，别无其他战
略。一个又一个国家决定尽快实现预算平衡。

第三节　一个危险的战略

早在 2010 年，为使公共财政重归较为可持续的道路，欧洲
国家就决定巩固其预算。不管最初的形势如何，大多数国家都
将其在 2015 年实现预算平衡纳入"稳定与趋同计划"（SCPs）。
有些国家为实现这一目标而采取的措施是有力的，因此预算限
制与增长之间的关系很快就显现了（见图 3）。以 2010—2011
年为例，我们可以分成 3 组国家：第一组是德国和法国。它们
的预算紧缩较为温和，因此经济增长仍然较为有利。第二组是
西班牙、葡萄牙和爱尔兰。紧缩预算的努力很大，增长停滞不
前。第三组是希腊。紧缩预算的努力近乎残酷（2 年的紧缩幅
度超过 GDP 的 10% 以上），经济活动急剧萎缩。

欧洲的"战略"对增长的影响十分巨大，因为它的涉及
面广。在货币联盟内，贸易的联系是紧密的。因此，如果所
有成员国都要力图在同一时间实现预算平衡，每一个国家面
临的任务是艰巨的。确实，德国拥有的回旋余地很大，因此
它可以推迟几年实现预算平衡（见专栏 7）。2010 年，它继续
刺激其经济活动，但在 2011 年停止了这样的行动。从 2011 年
夏开始，经济增长的放慢、市场力量的不断增强以及其他政
府和欧洲中央银行施加的影响，使大多数国家一个接一个地
公布了财政平衡计划。而且，越是感到财政状况不佳的国家，
实施财政紧缩的计划越是宏大。例如，数月后，意大利对其
初级预算平衡目标进行了大幅度的修改。意大利最初希望从

接近财政均衡的起点出发，力争在 2014 年使财政盈余达到相当于 GDP 的 5.2%，但后来决定最早在 2013 年达到这一目标。为控制负债率（债务相当于 GDP 的比重）的上升，只要在 2015 年实现 3.5% 的盈余就足够了（见图 33）。

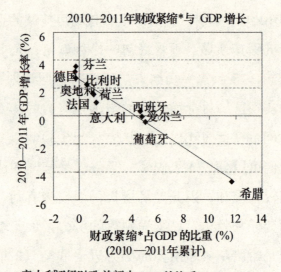

图 33　财政努力与增长

* 以初级结构性平衡的幅度衡量财政紧缩的力度。

** 稳定与趋同计划。

资料来源：欧盟委员会、IMF 和意大利财政部。

　　总之，欧洲国家被要求实施比原来设想的规模更大的财政巩固。由于这些国家的政府直接面对着市场压力，它们不得不一步一步地接受了财政预算纪律和监督，而且还为自己确定了降低负债率的指标。这些承诺是在 2011 年 12 月的欧盟峰会上达成的。这一峰会还通过了"财政契约"。这些承诺被认为足以使欧洲中央银行愿意作出采取行动的决定，因为此前市场的力量在不断强化。欧洲中央银行的行动是危机爆发以来第一次为遏制市场力量作出的反应。这一行动使银行能在为期三年的时间内举借任意大规模的资金，从而减轻了银行面临的流动性短缺的严重性，也消除了促使这些银行抛售公共债券的一个因素（即难以为其持有的债券融资，见专栏 6）。

　　欧洲中央银行的行动是坚定有力的。这一行动实施后，二级市场上外围国家政府债券的价格被抬高。尽管这一行动是有力的，但长期再融资行动（LTROs）并没有消除市场上的信贷风险。至 2012 年中期，严厉的财政紧缩损害了意大利和西班牙的经济活动，有人甚至担忧这两个国家会步希腊之后尘。西班牙和意大利政府债券的价格再次快速下跌。6 月希腊议会选举之前的数周，欧洲的一些官员认为希腊会被赶出欧元区，这一传闻使西班牙和意大利政府债券的价格进一步下跌。外围国家的债券与德国债券的利差不仅反映了信贷风险，而且还体现了希腊货币再定值（即重新使用旧货币）的风险。一旦欧元解体，这些国家的债券必然会以疲软的货币计值！欧洲中央银行认为它有责任采取行动了。2012 年 7 月，该行行长马里奥·德拉吉做出了这样的承诺：在其权限内，欧洲中央银行"将采取有助于捍卫欧元的任何措施"。这足以使收益率业已上升到新的高位的意大利和西班牙公债大幅度下降。8月宣布的"直接货币交易"（OMT）的细节使其收益率进一步下跌（见专栏6）。但欧洲债务危机的这一转折点之所以出现，实际上是因为德国总理站在欧洲中央银行的这一边，反对德国中央银行行长严斯·魏德曼（Jens Weidman）（魏德曼公开反对OMT）。这使得市场相信：欧元崩溃的可能性并非如许多人想象的那样容易。自那时以来，欧洲中央银行采用的迄今为止未被使用的干预工具被证明是非常有效的。至2013年中期，意大利和西班牙国债的收益率已回复到危机前的水平。

专栏7：德国公共债务的前景

在2007年至2010年期间，德国的预算平衡从均衡演变为赤字（相当于GDP的4%以上）。与此同时，根据《马斯特里赫特条约》确定的定义，公共债务总额从65%上升到85%。这一上升在一定程度上与金融部门得到支持有关（支持的力度相当于GDP的11%），主要是因为德国住房抵押贷款银行（Hypo Real Estate）的资产向政府的资产管理公司转移（IMF，2011）。因此，在同一时期内，公共债务净额增加了将近10个百分点，2010年达到52%。在一个老龄化的社会，这一上升是令人忧虑的。德国很像日本，65岁以上人口在总人口中的比重会在2035年以前上升，然后才能稳定，而80岁以上人口会继续增加，直到2050年才能停止增加。还是如同日本，1990年代以来，德国的名义增长率稳步下降，稳定在2%左右。

如同其他发达国家，德国面临的问题首先是一个与社会开支呈上升趋势的中期问题。从现在起到 2035 年，公共养老金和健康服务开支的增加有望超过相当于 GDP 的 3%（European Commission，2012）。如果不能减少这一开支，也不能为其融资，那么债务率（债务相当于 GDP 的比重）在 2025 年以前就会持续上升。为了使德国避免陷入"日本陷阱"（较低的名义增长率伴随着社会开支的扩大），德国联邦参议院在 2009 年 6 月 12 日通过了一个宪法修正案（叫作债务刹车），即原则上禁止政府采用赤字预算。这一法律还要求从 2011 年开始逐步减少债务。如果没有自然灾害或"意外事件的发生"，最迟从 2016 年开始，不允许联邦政府的结构性赤字超过 GDP 的 0.35%。联邦州可以有一个过渡期，即其预算在 2020 年以前不必实现平衡。这一法律的好处是：德国当局必须为遏制债务的持续扩大而作出努力。但它也为德国政府提供了一个快速实施再平衡的借口：考虑到当时德国的财政状况，政府的行为超出了必要性。

德国是欧元区的参照国，因此，如果德国推迟实现预算均衡，其他国家就会延误行动，导致所有国家都无法实现财政平衡。德国采取的措施很成功：2012 年底，结构性债务相当于 GDP 的比重仅为 0.31%，因此联邦政府成功地提前 4 年实现了"债务刹车"的目标。

外部制约的回归

欧元区国家的政府让欧洲中央银行去说服市场，让市场相信欧元不会崩溃，并将宏观经济治理的必要性仅仅局限于预算再平衡。这一切都使得欧元区各国的经济进入了一个危险而疲软的增长之路。第二章的框架可被用来分析日本和美

国的情况，也可分析欧元区国家财政再平衡对欧洲经济增长
的制约，其近期的经济增长提供了一个生动的实例。

2011 年夏以来对"稳定与趋同计划"的财政目标实施的调
整，使欧元区国家公共财政赤字相当于 GDP 的比重走上了一条
目标远大的道路。但是，由于私人金融储蓄比率下降速度较慢，
受上述原因的影响，这样的公共预算再平衡必然会使欧元区的
对外平衡出现快速的改善。这样的情况确实发生了：2012 年欧
元区的经常项目顺差比 2011 年增加了 1000 亿欧元。这一改善
的原因完全是由于外围国家经常项目逆差的减少，尽管其他国
家的顺差未见变化（见图 34）。与此变化有关的这种"高于预
期"的财政乘数不足为怪（Blanchard and Leigh，2012）。外围
国家作出预算再平衡的努力时，其私人部门的金融储蓄正好很
充足，而非人们所预料的（或希望的）那样在减少。鉴于外部
环境不佳，加之竞争力不强，因此，如要改善经常项目，它们
就只能减少进口，因此最终也打击了国内需求。欧元区成员国
的政府在制定消费目标时没有考虑到私人部门的消费行为会恢
复正常，从而扼杀了刚出现的复苏。

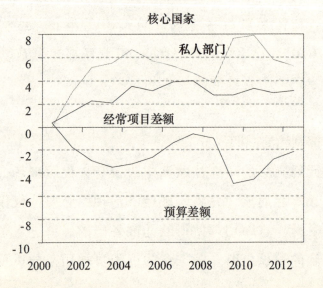

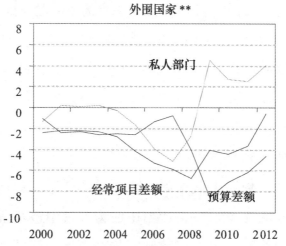

图34　不同部门的放贷或举债规模（2000—2012年，

相当于GDP的百分比）

　　* 根据政府对金融机构的干预（干预的方式是为银行注资），对其政平衡进行了调整。私人部门的平衡也进行了调整。

　　** 外围国家主要包括意大利、西班牙、希腊、葡萄牙、爱尔兰、斯洛伐克、斯洛文尼亚、塞浦路斯、爱沙尼亚和马耳他。

　　资料来源：欧洲统计局、欧洲中央银行和作者的计算。

　　在2013年的最初几个月，终于可以对这一戏剧性的一幕总结出一些教训。许多人同意这样一种说法：至2013年底，许多国家会无法实现将财政赤字降低到3%的这一目标。法国需要延长2年后实现，西班牙需要延长3年。在预算平衡面临着周期性压力时避免更多的财政紧缩，当然是一种积极的做法。但是，仅仅这样做无法使欧元区经济摆脱停滞状态。

　　从现在（2013年上半年）起到2017年，私人部门金融储蓄占GDP比率的下降很可能只会在一定程度上弥补公共财政赤字的减少。欧元区的经常项目平衡有望进一步改善，即顺差相当于 GDP 的比重从 2012 年的 1% 提高到 2016 年的 2.5% 。如果这样的结果出现（假定外部环境是 IMF 在 2013 年 4 月预测的那样），那么国内需求的增长将继续是疲软的，经济活动的年增长率无法超过 1% 。经过 5 年（2007—2012 年）的停滞后，欧元区将"失去"将近十年的增长，因此社会领域的困难是严重的。

虽然这一估算不太精确，但也暴露了这一财政战略的局限性。如果欧元不贬值，计划中的为实现财政巩固而作出的努力必然会使欧元区大多数国家的经济增长疲软不堪。这样会使欧元区处于非常脆弱的境况。许多国家的经济增长率会严重依赖外部环境，不仅如此，由于多年来生产性投资不足，潜在的增长率很可能会下降，从而使公共债务难以进入可持续的轨道。

如果欧洲想避免这种停滞的风险，它的选择余地极小。欧元区已不折不扣地、毫无例外地接受了预算纪律，因此，现在它应该尽快发挥欧元区各国事实上显示出来的团结的优势。这意味着它们不仅要建立银行业联盟，而且还应该强化其手中的工具，为需要金融援助的国家提供帮助，并驾驭威胁各国的市场动力。这还意味着，必须尽可能地利用一切可回旋的余地，实施一种有利于促进经济增长的战略。在管理这一变化时谋求与世界上其他国家合作是十分必要的，因为欧元区的危机并不仅仅是欧元区国家的危机。欧元区的银行在全球化的金融体系中占有重要的地位，它们的政府债务是整个世界的储备资产，它们的货币在国际货币体系中发挥着举足轻重的作用。

第六章　动荡不安的国际金融货币体系

　　发达国家政府发行的主权债券在全球金融体系中仍然占有特殊地位，即被称为"无风险"资产。如果发达国家发行的主权债券逐渐从"无风险"向"有风险"状态转变，而储蓄者的投资行为不变，那么金融体系媒介作用将会被大大削弱。2010 年金融危机爆发后，金融投资者对于投资风险要么毫不惧怕，要么过于谨慎，这使得主权债务的问题更加严重。

　　显然，不同发达国家公共债务中的无风险资产状况是不同的。目前，公共债务问题只是在一些欧元区国家肆虐。全球金融体系媒介作用的发挥离不开欧元区国家运转良好的银行。但债务危机使欧元区国家银行进行风险投资的能力大为削弱，这将有利于改变全球宏观经济失衡状态。具体来看，危机使得经常项目赤字国家的进口能力下降，赤字减少，同时危机也使得全球金融体系扩张投资的能力大为削弱，全球宏观经济失衡由此将得到缓解。发达国家的主权债务危机也对贸易盈余的新兴经济体造成相应影响，导致这些国家本币面临升值压力，出口受挫，不得不采取扩大内需的政策。因此，紧密的国际经济合作将是防止货币危机和世界经济增长持续放缓的唯一办法。

第一节　金融体系、无风险资产与经济活动

发达国家政府债券不再是无风险的资产。这将对世界经济增长产生重要影响。同时，也会促使金融监管机构以及金融市场主体保持警惕。为了更好地理解上述影响，我们可以做一简单解释。金融媒介作用对经济活动具有重要作用，但危机大大削弱了银行的金融媒介作用，从而必然影响世界经济增长。这里只是从非金融机构的储蓄和投资行为来观察金融媒介作用的削弱和限制，事实上，金融媒介作用的削弱还体现其他许多方面。

储蓄和风险行为

假定我们的分析是基于特定时期的某一简单封闭经济体（见模型1）。在该模型中，银行发挥着金融媒介的作用，家庭是唯一的储蓄者，公司是唯一的借贷和投资主体。家庭收入与就业状况相关，家庭的储蓄行为则与其愿意持有的财富量密切相关。公司的实际产能则由其资产负债规模决定。而资产负债规模又受到公司股本大小的限制，因为资产负债表中的权益资产比率必须超过给定的最低限。资产负债表上的唯一资产是公司将要收购和经营的生产性资本存量。除了权益外，公司负债包括银行贷款和公司债券。银行资产负债表中的资产仅包括向公司发放的贷款，负债则包括存款、债券和股权资本。就公司而言，银行资产负债表规模受到股权资本规模的限制。

在家庭收入水平与充分就业相连时，家庭对所持有股票

和债券的数量作出决策即属于家庭的风险行为。其余以银行存款形式存入银行的财富取决于家庭的实际收入水平，而且对经济活动有一定的影响。当整个经济处于充分就业状态时，为了运营全部生产性资本和从银行或债券市场获得并购所需的融资，企业必须有足够的股权资本。从企业并购资本存量可以判断企业的投资行为的一个重要指标。

非金融企业		银行		家庭	
资产	负债	资产	负债	资产	负债
K	E^c		E^b	E	W
	B^c		B^b	B	
	L	L	DEP	DEP	

模型 1　金融机构和非金融主体的资产负债表

其中 K 代表生产性资本存量，E^b 和 E^c 分别代表银行和非金融机构发行的股票，B^b 和 B^c 分别代表银行和非金融机构发行的债券，W 代表家庭所拥有的财富，E 代表家庭所持有的股票，B 代表家庭所持有的债券，DEP 代表家庭存款，L 代表银行对企业发放的贷款。

现在假设在充分就业状态下，家庭的储蓄行为是希望持有的财富量与可用资本存量相同。如果他们的风险厌恶水平很低，充分就业将很容易实现。如果家庭愿意将所有家庭财富转换成一种高风险的投资形式，直接持有公司为并购和盘活资本存量而发行的股票和债券，充分就业同样将很容易实现。也就是说，没有金融的媒介作用，整个经济也能够实现充分就业。然而，家庭的这种储蓄行为更像是 19 世纪资本家的行为，与不断寻找安全性投资的工薪阶层和储蓄者的行为大相径庭。在这种情况下，如果金融市场不去承担储蓄者不愿直接去承担的风险，充分就业将难以实现。现在整个金融系统中银行成为主角，而银行对待风险的态度又与其制定的或为其制定的审慎规则密切相关。正如我们所看到的那样，银行承担信贷风险的能力受其股权比率和承担流动性风险能力的限制。银行流动性风险与其长期负债（股票和债券）和长期资产（对外发放的贷款）的最低比率相关。为了简单起见，这里不考虑利率风险。

这个简单的框架可以展现现实经济的一个重要特征，即经济活动水平受到一些风险的制约。而储蓄者与金融体系互动使得整个经济体系能够承受这些风险的冲击（见专栏8）。在银行表现审慎的情况下，如果家庭打算持有少量股票和债券，企业就难以并购或盘活整个资本存量。家庭储蓄水平即便达到充分就业状态的要求（假定充分就业状态下储蓄率和投资率是相等的），整个经济也无法达到充分就业状态。

我们应该对审慎规则所发挥的作用进行简要的评论。如果借款人倾向于获得长期融资，而储户倾向于进行短期投资，那么流动性约束将会加剧。银行信贷行为越审慎，其长期贷款额与长期负债额就越接近，流动性限制就越严重，整个经济就处于非充分就业状态。出现这种情况，不是因为借款人不想增加借贷规模，而是因为金融系统和家庭都无法或不愿意承担流动性风险。假定家庭行为不变，如果金融体系（银行）行为不过于审慎，那么整个经济就更接近于充分就业状态。如果银行愿意发放足够的长期贷款和吸纳足够的存款，那么流动性不足的问题就会得以解决，整个经济就会达到充分就业状态。可以对股权比率做类似的分析：所要求的股权比率越低,对经济活动的限制就越小。

　　这里有一个有趣的观点:如果银行愿意放宽审慎原则,那么整个经济将会接近充分就业状态。家庭不仅是唯一的财富持有人,而且也是直接或间接承担经济运行风险的主体。如果金融体系面临过度风险,其稳定性将受到影响。为了维持金融体系的稳定性,政府必须对其进行外部干预。也就是说,政府必须承担金融体系所无法承担的风险。这种干预实际上是将金融体系暴露出来的风险和损失转嫁到家庭身上,因为政府干预所需资金主要来源于纳税者所缴纳的税款。

专栏8　风险与宏观经济

　　这里我们还是按照模式1中的资产负债表进行分析。家庭投资行为具有刚性。如果家庭收入水平达到充分就业状态下(现有资本存量)的水平,那么家庭愿意承担的风险可以根据其持有的股票和债券的数量作出评估。家庭的这种刚性行为会对整个宏观经济造成怎样的影响?现有资本会得到充分利用吗?

　　如果企业的生产性资本为 K ,那么其所持有的股权必须相当于其生产性资本的 $1/\alpha$ 。假定企业从银行获得的长期贷款为 L 。银行必须维持一定的股权比率,即银行持有的股权应该相当于其未清还债务的 $1/\beta$,同时银行还受到流动性约束,即银行的长期资本($E^b + B^b$)应该等于长期债务 L 的 $1/\gamma$ 。那么企业和银行约束就可以表示如下:

　　非金融机构(公司企业): $K \leq \alpha E^c$;

　　银行金融机构: $L \leq \beta E^b$ (资本约束)和 $L \leq \gamma(E^b + B^b)$ (流动性约束)。

在资本总量一定的情况下，宏观经济的最大增长能够达到什么水平？首先，我们假设银行不存在流动性约束且没有债券发行。$\tilde{E}$ 为家庭所愿意持有的股票总量，股票由公司和银行发行。分析公司和银行发行股票数量的最简单办法就是分析他们各自的资产负债表。E^c 和 E^b 分别表示企业和银行发行的股票，则家庭所持有的股票即可表示为 $\tilde{E} = E^c + E^b$。企业可用资本量不超过 αE^c，为了获得足够的资本，企业需要从银行获得贷款 $(\alpha - 1)E^c$，银行持有的股权资本则需要达到 $(\alpha - 1)E^c/\beta$。根据家庭愿意持有的股票数量 $\tilde{E}$，企业和银行的应发行股票分配如下：

$$\frac{E^c}{E^b} = \frac{\beta}{(\alpha - 1)}$$

可用资本总量为：

$$\boxed{\tilde{K} = \frac{\alpha\beta}{\alpha + \beta - 1}\tilde{E}}$$

这是一个以家庭持有股票数量 $\tilde{E}$ 为自变量的增函数。在没有银行的情况下，经济活动总量的最大值将达到 $K = \tilde{E} < \tilde{K}$。

现在让我们引入债券变量和流动性约束。$\bar{B}$ 表示家庭愿意承担的债券风险的大小，假定 $\bar{B}$ 固定不变。那么，经济活动总量的最大值将随着股票风险的变化而变化。

当股票风险低于家庭愿意承担的风险 $\bar{B}$（$\tilde{E} < \frac{1}{\alpha - 1}\bar{B}$）时，可用资本的最大值为：

$$\tilde{K} = \alpha\tilde{E}$$

家庭愿意持有的债券数量与发行的债券数量之间存在一个缺口。银行的介入使经济总量无法达到最高水平。

假设家庭愿意承担更高水平的股票风险，即 $\frac{1}{\alpha-1}\bar{B}<\bar{E}<$ $\frac{\gamma(\alpha+\beta-1)}{(\beta-\gamma)(\alpha-1)}\bar{B}$。银行的资本约束比流动性约束更难达到，即 $\beta E^b \leqslant \gamma(E^b+B^b)$。现在可用资本总量则可以表示为：

$$\tilde{K}_{cap}=\frac{\alpha\gamma(\bar{E}+\bar{B})+\alpha\beta(\gamma-1)\bar{E}}{\gamma(\alpha+\beta)-\beta}$$

$\tilde{K}_{cap}$ 随着家庭愿意持有的风险资产总量 $\bar{E}+\bar{B}$ 和 $\bar{E}$ 的增长而增长。$\tilde{K}_{cap}$ 也是 β 的增函数，即银行资本约束越小（β 数值越高），可用资本总量就越大。

如果家庭现在愿意接受更高水平的股票投资风险，即 $\bar{E}>\frac{\gamma(\alpha+\beta-1)}{(\beta-\gamma)(\alpha-1)}\bar{B}$，那么银行流动性约束将会比资本约束更难，即 $\gamma(E^b+B^b)\leqslant\beta E^b$。为了最大限度地缓解流动性约束，银行将会大规模地增加银行债券配售，可用资本量可以表示为：

$$\tilde{K}_{liq}=\frac{\alpha\gamma(\bar{E}+\bar{B})}{\alpha+\gamma-1}$$

从上面的公式可以看出，可用资本量与家庭愿意持有的风险资产总量（$\bar{E}+\bar{B}$）相关。同时，也与 γ 呈正相关关系，即银行流动性约束越小（γ 值越大），可用资本存量就越大。

图35阐明了上述三种情况：在E1点的左侧，E 与 $\bar{B}$ 不相关，此时经济中不存在银行；在E1和E2点之间，E 的上升缓解了银行的资本约束，银行可以发行债券，经济活动总

量随着 E 的增加而快速增长；在 E2 点右侧，流动性约束得
到缓解，宏观经济总量继续随着 E 的增加而增长，但增长速
度比第二种情况慢。

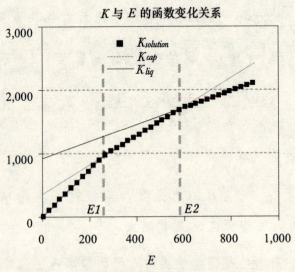

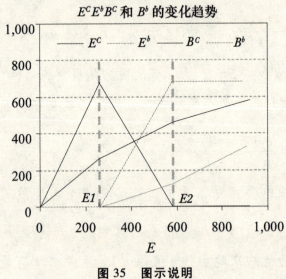

图 35   图示说明

设 $\alpha = 3.7, \beta = 10, \gamma = 1.5, \bar{B} = 700$

资料来源：作者计算整理。

现在我们引入公共债券 B^g 这一变量（见模式2）。如果这些公共债券被认为是无风险的，银行就会购买这些债券。无风险公共债券的引入不会影响经济活动总量所能达到的水平。如果公共债券被认为是有风险的，情况就不同了。如果公共债券像公司债券一样具有风险，那么银行的流动性约束和资本约束就将分别变为 $L + B^g \leqslant \beta E^b$ 和 $L + B^g \leqslant \gamma (E^b + B^b)$。

政府		非金融企业		银行		家庭	
资产	负债	资产	负债	资产	负债	资产	负债
		K	E^c		E^b	E	W
净现值	B^g		B^c	B^g	B^b	B	DEP
		L		L	DEP	DEP	

模型2　私人机构和政府的资产负债表

此时，经济活动总量低于前面的情况。和前面的推理一样，根据下面的等式，我们可以发现可用资本总量主要依赖于 $\tilde{E}$ 的大小：

$$\tilde{K}'_{cap} = \frac{\alpha \gamma (\tilde{E} + \bar{B} - B^g) + \alpha \beta (\gamma - 1) \tilde{E}}{\gamma (\alpha + \beta) - \beta} \quad 或 \quad \tilde{K}'_{liq} = \frac{\alpha \gamma (\tilde{E} + \bar{B}) - \alpha B^g}{\alpha + \gamma - 1}$$

如果假设家庭和银行的风险行为不变，那么不难发现，此时经济活动总量低于前面我们分析的情况。

政府债券：从无风险资产变为风险资产

现在我们开始谈谈主权债券，起初我们认为这种债券是没有风险的。因为主权债券的安全性高、流动性强，所以审慎原则在主权债券发行中体现的并不像私人有价证券那样明显。主权债券这种资产的存在对于宏观经济平衡管理至关重要。为了说明这一点，我们假定储蓄者行为是结构性紧缩的，比如中国或日本储蓄者就是这样。在充分就业状态下，储蓄率超过整个经济的最大投资率（投资率在这里是指实际利用资本与整个可用资本存量的比率）。这里我们假定整个经济是封闭的，所以只有当本国企业投资者愿意购买更多的政府债券，经济才能实现充分就业。过去 20 年，日本就属于这种情况。

如果政府债券真的是无风险的，那么政府债务的增加不会引起金融市场动荡。通过发行公共债务，政府可以为储蓄者提供保有财富所需要的资产，并实现充分就业。由于主权债券是无风险的（不考虑利率风险），因此可以一直持有。如果储蓄者（家庭）希望将其持有的政府债券转换成银行存款，那就意味着银行将购买更多的公共债务。

从 2009 年开始，发达国家为了稳定宏观经济不断增加公共债务水平，政府债券这种无风险特点在这个过程中起了决定性作用。在私人储蓄率急剧上升的情况下，借贷是吸收储蓄的唯一方法。由于投资者极端厌恶风险，所以购买无风险的政府债券无疑会成为他们的首选。金融系统吸收了大量的主权债券，储蓄者可以用自己的存款去购买这些无风险的债券。危机使得政府债券丧失了无风险地位，由此引发的问题是：主要针对私人债务的审慎原则也开始应用与公共债务，这样一来市场自由度大为降低，而市场自由对于宏观经济平衡管理至关重要。如果公共债务变成一种风险资产，那么政府债券和私人债券就会形成竞争，竞相在私人债券投资组合或银行资产负债表中争得一席之地。那么，这就意味着充分就业可能无法实现（见专栏8）。

事实上，值得注意的是公共债务风险高低状况的变化方式。公共债务风险高低的变化方式不仅使得宏观经济平衡管理更趋复杂化，而且严重威胁整个金融体系的稳定。如果储蓄者和金融系统（特别是银行）渐渐地、自然而然地停止将政府债券作为无风险资产，情况将会怎么样呢？在这种变化发生之前，如果对流动风险和信贷风险过度限制，那么政府债券在金融市场上将少有问津。但事实并非如此，危机发生前各国对政府债券的控制并不严格。那时，银行一方面必须增加股权以应对信贷风险不断提高的状况，另一方面必须增加债券发行以将其流动性比率恢复到以前的水平。信心危机出现后，出于对风险的担忧，储蓄者会变得更加谨慎，其他金融市场主体也会变得更加审慎。

2007—2009 年全球金融危机爆发后，一种对金融市场的破坏性力量随之出现。欧洲债务危机爆发后，我们发现了类似的破坏力量。这种内源性风险（见专栏6）使得金融系统出现动荡，只有中央银行进行干预，才能恢复金融系统的稳定。中央银行通过增加资产负债规模就可以大大减轻私人投资者难以独自承担的信贷和流动性风险。从 2008 年底开始，美联储就是通过这种方式，从金融市场买入数千亿美元的证券化抵押贷款债权。2011 年底，欧洲中央银行采取了类似的行动：欧洲央行推出三年期贷款操作，以指定利率向银行提供三年期限的贷款，缓解银行流动性危机。后来推出的直接货币交易计划起到了类似作用。欧洲央行宣布无限量购买欧元区危机国家的债券，但为债券价格设置了下限。欧洲央行试图通过上述措施使金融系统恢复到平衡状态（见专栏6）。

第二节 国际金融媒介作用的削弱

从目前的情况来看，主权债券丧失无风险地位不具普遍性。债务危机的爆发使希腊政府债券的无风险地位完全丧失，同时也导致了银行和其他金融机构对欧元区其他国家的政府债券也开始采取审慎的态度。对政府债券风险态度的变化同样发生在世界其他国家和地区。从日本银行的资产负债表中我们发现，银行正在购买越来越多的政府债券。然而，与欧元区不同的是，日本央行主要购买银行不愿再购买或银行正在出售的政府债券。欧洲央行和日本央行的不同做法，使得政府债券无风险地位的丧失对金融市场稳定造成的冲击也不一样。美国的做法与日本相似，宏观经济形势的不景气使美国一直维持宽松的货币政策。由此可见，虽然只有欧元区国家政府债券丧失了无风险资产的地位，但却会对整个世界宏观经济平衡造成冲击。

世界不同国家的风险分担

为了更好地理解风险在国家间的传导机制，我们还是用前面提到过的封闭经济模式代表全球金融危机爆发前的世界经济。借款人是贸易赤字国家的家庭和企业，储蓄者是贸易盈余国家的家庭和企业。赤字国家的债务基本上属于长期债务，是信贷和流动性风险的来源。而盈余国家的储蓄者不断寻找流动性高、安全性强的投资方式，信贷和流动性风险是他们不愿意承担的。在过去的几年中，全球金融体系（特别是银行）虽然面临着信贷和流动性风险，但信贷规模不断扩大，整个世界经济经历了快速增长。实际上，全球金融体系中不仅包括不同国家的银行，还包括各种各样的金融主体（保险公司、投资银行、对冲基金等），这些金融主体的行为严格遵守审慎原则。储蓄国际转移的风险承担方式值得我们关注。不同主体所发挥的作用很不相同。

　　与我们的预期相反，美国的银行并没有因放贷而使自身承受过度的信贷风险（信贷风险可以使用宏观经济数据计算衡量），因为其他国家储蓄者的储蓄很大一部分转移到美国，用于为美国的私人借贷者提供融资。美国银行的股权比率不仅没有恶化，反而有所改善。金融危机爆发前夕，美国仍存在大量的无风险资产。2007 年美国的无风险资产净额由 1998 年的 1 万亿美元增加到 4 万亿美元（见图 36）。当年美国国内对无风险资产的需求量约为 8 万亿美元，能够基本得到满足。美国公共部门发行的无风险证券增加了 4 万亿美元，这就意味着由美国金融系统吸收的总信用风险增长了 7 万亿美元。

　　危机中，吸纳存款的银行机构及其股本所承受的风险均增加一倍。而"影子银行"所承受的风险甚至更为严重。据估算，影子银行体系所承担的风险增加了 2.5 倍，而其所持有的股本并没有增加。这种情况在一些诸如房利美和房地美等通过银行贷款证券化而无限扩张信用的金融机构表现得特别突出。金融危机爆发后，影子银行系统中的许多证券化机构破产或被并购。之所以会出现影子银行和信用无限扩张的问题，很大程度上是由于美国政府盲目相信金融机构具有自我约束能力。美国政府对影子银行体系的纵容和监管上的放松导致了储蓄资金在国际范围内的大规模转移（Brender & Pisani, 2009）。

美国影子银行体系中的证券化金融机构并不是增加信用风险、导致金融危机爆发的唯一因素。通过分析欧元区国家的国际收支平衡表，我们发现，欧元区国家的贸易失衡对金融危机的爆发也起到了推波助澜的作用（Gros et al., 2010）。欧元区国家普遍面临着经常项目赤字，没有大量的剩余储蓄转移到国际金融市场，但是欧洲发达的全球化金融体系促进了剩余储蓄在国际范围内的大规模流动。相反，欧元区的银行存款和公共债务债权被认为是没有信贷或流动性风险的安全投资，2010 年其总额达到 3 万亿美元（见图 36）。在这个过程中，欧元区国家借贷短期债务，同时又为其他地区的风险资产收购提供融资，由此缓解了世界其他国家和地区的信贷和流动性风险。

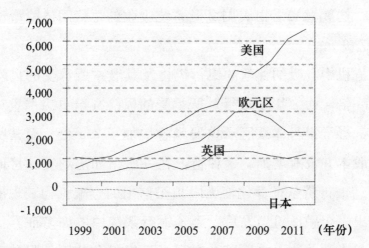

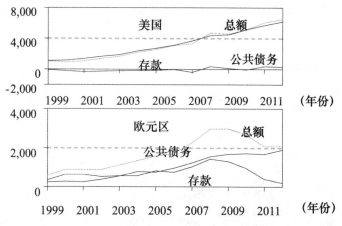

图36 1999—2012年主要国家金融体系无风险资产发行净额

（10亿美元）

注：无风险资产发行净额根据该国外资净头寸数据及美国财政部国际资本流动数据计算。无风险资产是指无风险的公共证券（或由政府机构担保的有价证券）和银行存款。无风险资产净额就是该国无风险资产与无风险负债的差额。关于无风险资产的具体计算方法请见 Gros et al.（2010）。

资料来源：相关国家中央银行、美国财政部和作者自己的计算。

值得一提的是，欧洲的情况与日本完全不同，日本的公共债务虽然也很高，但其购买的多为无风险资产。金融风险在国家范围内的不均等分布的趋势在20世纪90年代末就已经出现了（Brender & Pisani，2001）。经常项目失衡是金融风险分布不均的重要原因之一。

欧洲各国银行在危机中所起的作用

上述分析有利于我们理解金融风险在世界范围内的不均衡分布，但我们并不能据此对涉及其中的金融机构定性。国际清算银行公布的数据在某种程度上克服了这个不足（见图37）。通过国际清算银行的数据，我们可以清晰地看出欧洲国家特别是欧元区国家银行所起的核心作用。从 20 世纪 90 年代末开始，欧洲国家银行就开始大规模地扩展国际金融业务。2007 年，欧洲国家银行的债权总额高达 10 万亿美元，相当于美国银行债权的 5 倍。

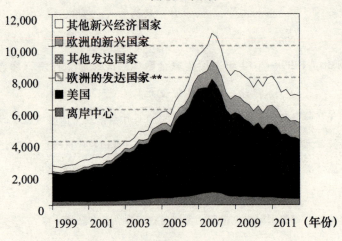

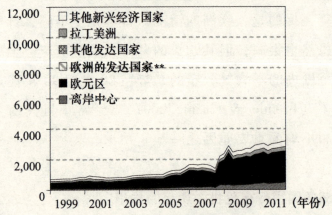

图 37　1999—2012 年世界主要国家和地区银行对外资产总额 *
（10 亿美元）

* 根据当期借款人借款额计算的综合统计数据。

** 除欧元区国家以外的欧洲发达国家。

资料来源：作者根据国际清算银行公布的数据计算。

Shin（2011）在 Bertaut et al.（2011）分析的基础上，进一步分析了欧元区国家的银行机构承担了美国很大一部分私人抵押贷款证券化的信贷和流动性风险（即未由房利美和房地美担保的抵押贷款）。为了购买这些债权和避免相应的汇率风险，欧洲银行从美国的货币市场借入了大量的短期美元。美国银行的情况恰好相反，危机爆发前的几年中其承担的风险杠杆（即资产负债表的规模与股东权益之间的比率）在大幅度地增加。

Shin 认为，与美国相比，欧洲的监管者和银行家更加严格地遵守巴塞尔协议Ⅱ的相关规定，这是造成欧美银行机构风险差异的重要原因。按照巴塞尔协议，使用内部评估模型和评级机构的评级分数对银行风险进行评估，这使得欧洲银行的资产负债规模与银行的加权资产脱钩（前者增加明显超过后者）。事实上，欧洲银行业的监管规则比美国的监管规则要宽松。比如对欧洲影子银行监管的放松使得欧洲的银行承担了经常项目失衡所产生的巨大风险，但风险承担是以过度信贷和流动性风险为代价的，过度信贷和流动性风险的问题在 2007—2009 年的金融危机中暴露无遗。

作为全球化的金融体系的基石，欧洲的银行机构目前正在因公共债务证券丧失无风险地位而深受其害。欧洲银行机构的股东权益规模在降低，金融系统的风险承受能力在下降。危机爆发后，银行加强了对自身的约束，巴塞尔协议Ⅲ制定了更为严格的银行规则，欧洲银行监管变得更为严格。银行业在经历了若干年大规模的业务扩张后，现在变得愈益审慎。这种变化对世界经济的威胁是显而易见的。如果世界其他地区的银行不能快速取代欧洲银行维持金融业务量，那么全球金融系统的媒介作用将会被大大削弱。

如果由贸易失衡导致对银行中间业务的需求下降，那么危机对经济的消极影响将会有所减轻。同样，如果贸易盈余国家愿意快速承担与国际储蓄转移相关的风险，危机的消极影响也将得到缓解。作为贸易盈余国家，中国恰好起到了这样的作用。2011年底，中国对外宣布愿意使用现有的外汇储备来购买美国和欧洲的国债和公司股票，购买总额达到3000万美元。2013年春，国家外汇管理局表示，中国正在研究投资美国房地产的可能性，开辟多种投资渠道，规避单纯持有美国国债的风险。中国如果能够成功地实现对外投资的多元化，改变单纯持有美国国债的情况，将有利于世界金融市场增强抵御全球金融风险的能力。贸易赤字国家可能还会继续发行低风险的政府债券。目前，美国政府成为借贷的主体，这与21世纪头十年的情况完全不同，那时私人借贷十分活跃。只要美国国债仍然是一种无风险资产，其发行将不会受到全球金融体系风险承担能力的限制。然而，美国国债的无风险地位显然是无法持续的。投资者对美国政府的信誉一旦出现怀疑，对整个金融市场将会造成极大的不良影响。虽然美联储始终在努力维持金融市场的稳定，但是美元的贬值压力非常大，只有相关国家的共同努力，相互合作才能维持美元的相对稳定。

主权债务危机削弱了全球金融体系的媒介功能，原先贸易赤字问题严重的发达经济体的进口将受到抑制，有利于其外部失衡问题的缓解。危机对进口贸易的抑制已经蔓延到了贸易赤字问题严重的新兴经济体，特别是东欧国家也开始受到冲击。一个国家的赤字即是另外一个国家的盈余，从这个意义上讲，主权债务危机将对世界经济失衡起到抑制作用。

第三节　汇率稳定受到威胁

债务危机的爆发削弱了国际金融体系媒介功能，同时也使得发达国家意识到债务可持续性的意义，私人债务和公共债务都在不断减少。为了应对债务危机，美国、日本、欧洲国家都在削减财政赤字，强化财政纪律，以恢复财政收支平衡。在实施财政紧缩的背景下，发达国家若要维持经济增长，既要有一个良好的世界经济环境，也要对实际汇率进行贬值。

诚然，不同国家和地区优先考虑的问题和最迫切的需要是不同的。欧洲国家将强化财政纪律作为首要任务，为此普遍实施了严格的财政紧缩措施。欧元贬值将有利于欧洲避免经济增长的长期停滞。然而，无论是美国还是日本都没有允许本国货币对欧元的大幅度升值。美国和日本将恢复经济增长作为首要目标，而本国货币的相对坚挺使其不得不放缓财政紧缩的步伐，从而导致公共债务越来越难以控制。2011年，为了遏制日元升值的势头，日本政府重新开始对外汇市场进行干预。2012年，日本政府宣布将对货币政策管理方式进行根本性的变革，立刻引起了日元汇率的急剧下跌。

新兴国家货币的实际汇率是否应该上升

没有新兴经济体的支持，发达国家就难以维持经济增长，缓解失业问题，"货币战争"的爆发将难以避免。新兴国家的外部需求旺盛加之本币汇率升值，有利于其相应贸易伙伴（发达国家）经常项目的改善。

由此可以推论，新兴国家本币汇率升值受到其贸易伙伴的欢迎。在 20 世纪 80 年代初至 21 世纪初期间，除了欧洲新兴经济国家外，多数新兴经济体都对本国货币进行了贬值，纠正了本币高估的问题。本币贬值是新兴国家经常项目盈余不断增加的一个重要原因（Brender & Pisani，2010）。新兴国家经常项目盈余的不可持续性表明之前本币贬值的幅度过大。现在新兴经济体实行大幅度的本币汇率升值并不是明智之举。一部分新兴国家按照其与发达国家之间通货膨胀的差异来调整汇率是正确的做法。其他一些新兴国家可对汇率作出小幅调整，调整幅度不宜过大，因为对汇率的大幅度调整，不利于发展中国家与发达国家之间贸易的发展。

我们可以通过分析美国贸易情况来说明上述论断。20 世纪 80 年代，美国与新兴地区的贸易额占其对外贸易总额的 30%，现在这一比重上升到了 55%。美国与中国的贸易增速最快。20 世纪 80 年代美国与中国的贸易额仅占美国对外贸易总额的 2%，现已上升至 20%。这一比重远远高于日本、加拿大和欧元区在美国对外贸易中的比重。新兴经济体贸易份额的增加是美元实际汇率下跌的一个重要原因。根据国际货币基金组织在 2013 年 4 月份所做的预测，未来五年，如果拉美和亚洲的新兴经济体的通货膨胀率分别维持在 3.2% 和 2% 的水平（其他条件不变），美元的实际汇率将会下跌 6%。预计 2013—2018 年亚洲新兴国家货币兑美元名义汇率将升值 4%。自 2005 年以来，人民币对美元的升值幅度即接近 4%。由此推算，到 2018 年美元的名义汇率将下跌 7%，剔除通货膨胀因素，美元的实际汇率将下跌 13%。第四章已经做过推算，2016 年美国财政赤字占 GDP 的比重如若降到 3.5%，失业率降到 6%，那么美元实际汇率的下降幅度就得接近 13% 这个数值。对欧洲可以作出类似的推算，欧洲新兴经济体的通货膨胀率比欧元区平均通货膨胀率高 2 个百分点，欧元区平均通货膨胀率比美国的通货膨胀率低 0.5 个百分点，那么到 2018 年欧元的实际汇率将下跌 10%。

虽然新兴国家实际汇率升值将有利于发达国家的经济调整，但货币升值会影响出口产品的价格竞争力，不利于出口的扩大和经济的增长。为了避免出口下降对经济增长造成冲击，新兴经济体必须大力促进国内需求的增长。目前，扩大内需成为很多新兴经济体的一项重要经济刺激政策。这些调整和变化将有利于世界经济的平衡。但是，如果发达国家和新兴国家之间不进行密切的合作，世界经济的发展道路将不会平坦。

欧元对美元汇率的不稳定平衡状态

为应对 2007—2009 年金融危机，欧美达成了金融合作框架。目前主要货币汇率不稳，特别是美元与欧元之间的汇率波动较大，因此落实该金融合作框架成为当务之急。美元和欧元成为很多国家的国际储备货币。截至 2012 年底，美元和欧元储备资产占世界各国国际储备总量的 85%，而 20 世纪 80 年代初，这一比重仅为 50% 左右。这些储备资产中由美国政府发行或担保的有价证券 4.6 万亿美元，由欧元区国家发行的公共债务债券 2 万亿美元。显然，对美元和欧元证券的信心危机必然会威胁美元与欧元汇率的稳定性。

2008 年全球金融危机爆发，世界金融市场出现动荡，欧美等国对各自的货币政策都进行了相应调整，美元和欧元汇率受各国货币政策调整的影响较大，并未按外汇市场供需变化方向进行调整。实际上，汇率变动方向是按照欧美各国央行的政策目标进行的。因此，当市场意识到美联储将要实行比欧洲央行更为强烈的经济刺激政策时，美元兑欧元汇率就会贬值，反之亦然（见专栏 9）。

专栏 9 欧元与美元汇率

可以通过 Brender 和 Pisani（2010）设定的一个简单等式来对 2005 年以来欧元对美元汇率的演变进行分析。该等式引入了利差变量。

$$e_t = k (1 + r_t^e - r_t^s - \varepsilon)^\beta \tag{1}$$

其中 e_t 表示 t 时刻欧元兑美元的汇率（1 euro = e dollars），r_t^e 表示 t 时刻欧元三个月定期利率，r_t^s 表示 t 时刻美元三个月定期利率，ε 表示预期的美元兑欧元的年升值幅度，假定为常数，β 表示汇率预期收益弹性（β 越低，风险厌恶程度越高，汇率对预期收益差异就越不敏感），k 是一个比例参数。

为了使方程计算更为精确，首先根据 2007 年 1 月—2008 年 7 月的数据对汇率 e 和利差进行一个回归。在等式 $\ln e_t = a + b(r_t^e - r_t^s)$ 中，令 $a = 0.34$、$b = 7.4$。在等式（1）中令 $\beta = b$、$\ln k - \beta\varepsilon = a$。$\beta$ 等于 7.4，k 等于 1.12（2000 年的购买力平价值）。由此，我们计算出 $\varepsilon = -3\%$。负号表示市场主体预期美元下跌。显然，美元的下跌幅度与 k 数值的大小有关，如果对欧元兑美元汇率（e）和欧元与美元利差的观测值进行校准，那么 ε 应该在 -2% 的水平。

从图 38 中我们可以看到欧元和美元利差在汇率变动中
所起的作用。但是，2008—2009 年危机期间，美元汇率走
强的主要原因是投资者风险厌恶程度的增强（即 β 下降）。
通过估算危机期间 β 的变化弹性，我们可以发现美国股市的
波动性指数（VIX）急剧上升，这是一个用来衡量风险厌恶
程度的一个常用指标。

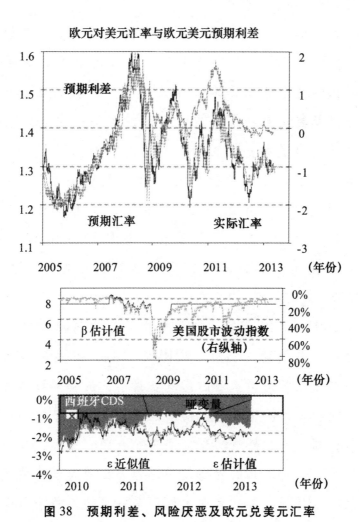

图 38　预期利差、风险厌恶及欧元兑美元汇率

资料来源：作者根据汤姆逊财经数据库（Thomson Datastream）进行整理和计算。

从 2010 年初开始，欧元的汇率再次下跌，本次欧元汇率下跌不仅仅是利差导致的。本次欧元汇率下跌，美国股市的波动性指数没有出现大幅度的变化。因此，人们将其解释为汇率预期的变化，即 ε 不再是稳定的。欧元区危机的加剧使得人们预期欧元兑美元汇率会进一步下跌。在 k 和 β 数值不变的情况下，ε 的变化很大程度上与西班牙政府信用违约互换交易有关。

根据 2009 年底以来的数据，就 ε 和政府信用违约互换交易（CDS）的关系作回归分析，与先前使用的精准方程分析得出的结果类似。2011 年夏开始，汇率变化与我们设定的等式就算出来结果基本吻合，但有些过度夸大欧元贬值的程度。为了对 ε 数值作出正确的修正我们引入一个虚拟变量。这个变量可以被解释为市场预期美元汇率下跌。2011 年 7 月美元汇率果真出现了下跌，而这正值美国债务上限争论的最后阶段。为了正确把握自 2012 年 12 月底以来欧元兑美元汇率的演变，应该逐渐剔除这个虚拟变量（见图 38）。

从 2000—2010 年间，欧元兑美元汇率波动主要受两种货币之间利差预期的影响，2010 年以后，欧元兑美元汇率波动主要受汇率预期本身的影响。目前，反补贴措施有效阻止了欧元和美元的投机性波动。但是，如果未来欧债危机持续发酵，那么欧元贬值的预期将不可避免。相反，如果在随后的阶段人们对欧元的疑虑逐渐消散，而对美国公共债务可持续性疑虑增强，那么美元大幅贬值的可能性将会很大。为了应对这些潜在的不稳定性，不仅需要发达国家政府之间，而且需要包括新兴国家在内的所有国家之间的密切合作。

　　起初，欧元相对疲弱，波动不定，主要受欧元区债务危机形势变化的影响。自 2010 年初开始，一些新的因素开始影响欧元汇率。首先，信用违约互换（CDS）是我们应该考虑的一个重要变量之一。信用违约互换是欧美债券市场中最常见的信用衍生产品。欧洲国家的信用违约互换交易是考察债务危机程度的一个重要指标和变量，有利于我们理解欧元对美元汇率的波动。另外一个使欧元汇率波动的因素是美国提高债务上限问题。2011 年 7 月，美国共和两党就提高债务上限问题进行了激烈的争论，这引起了市场对美国公共债务可持续性以及美元稳定性的怀疑。从那时起，欧元对美元汇率开始随着欧美等国财政政策的变化而波动。2013 年初，欧洲债务危机形势出现明显好转，但是欧元仍然相对疲弱，这主要是受美国财政政策调整的影响。美元相对欧元坚挺主要是因为美国成功避免了"财政悬崖"，经济增长开始恢复，公共财政赤字开始降低。现在面临的可能风险是，随着欧美等国宏观经济政策的调整，金融机构和外汇储备的持有者可能会因规避风险而大量抛售美元或欧元资产。

结　　论

2008 年秋的危机仅仅在几天时间内就使各国政府认识到，金融全球化已在不同国家之间建立了事实上的紧密关系。在最初几个月，各国之间确实开展了实实在在的合作。在世界各地，刺激性计划纷纷出台，经济衰退的危险被排除。紧急情况过去后，国际合作重新回复到通常见到的那种状态。确实，二十国集团在间隔一段时间后进行经常性的会晤，但其讨论仍然是为了避免世界经济的危险而使各国实施什么政策，因此，在会后常常不了了之。

事实上，为解决主权债务危机，需要更多的协调。这一危机已促使许多发达国家的政府或急或慢地对其预算进行再平衡。鉴于没有理由指望私人举债快速上升，因此财政紧缩必然会减少世界各地的举债。如果新兴经济体和一些发达国家继续成为过度储蓄的潜在源泉，世界经济将受到严重的通货紧缩的影响。如果发达国家政府的举债越来越少，其私人部门也没有越来越多的举债，那么，过去曾积聚了大量经常项目顺差的国家（尤其是亚洲国家和石油出口国）如何能继续增加这样的顺差？亚洲国家和石油出口国为使增长依赖于国内需求而采取的措施，是难以立竿见影的。与此同时，发达国家减少其预算赤字是有利于所有国家的。

当然，这是以下假设为基础的：负债累累的政府有能力偿还债务。对于大多数发达国家而言，未来几年公共债务的进一步增加不必引起人们的担忧，只要债务的增加伴随着财政收入和支出的合理化和改革。这样的改革能确保未来几十年社会支出项目获得资金。只有实施这样的改革，政府才能使储蓄者放心。这些改革的好处大大超过了快速实现财政平衡带来的好处。可供西方民主国家的选择寥寥无几：如果它们希望继续把财政政策当作一种调控经济的工具，那就应该学会如何永远地尊重财政纪律。主权债务危机是检验其能否做到这一点的试金石。

参考文献

Aglietta, M., A. Brender and V. Coudert (1990), *Globalisation Financière: L' aventure obligée*, Paris: Economica.

Bank of Japan (2011), *Financial System Report*, October.

Bernanke, B. S. (2010), "Central Bank Independence, Transparency, and Accountability", Institute for Monetary and Economic Studies International Conference, Bank of Japan, Tokyo, 25 May.

Bernanke, B. S. (2013), "Long term interest rates", Remarks, Annual Monetary/Macroeconomics Conference: The Past and Future of Monetary Policy, Federal Reserve Bank of San Francisco, 1 March.

Bertaut, C., L. Pounder DeMarco, S. Kamin and R. Tryon (2011), "ABS Inflows to the United States and the Global Financial Crisis", International Finance Discussion Papers, Federal Reserve.

Blanchard, O. and D. Leigh (2012), "Are we underestimating short term fiscal multipliers?", *World Economic Outlook*, October 2012, Box 1.1, p. 41.

Blanchard, O. and G. M. Milesi – Ferretti (2011), " (Why)

Should Current Account Balances Be Reduced?", Staff Discussion Note, International Monetary Fund, Washington, D. C.

Brender, A. and F. Pisani (2001), *Les marchés et la croissance*, Paris: Economica.

—— (2009), *La crise de la finance globalisée*, Paris: Repères, La Découverte.

—— (2010), *Global Imbalances and the Collapse of Globalised Finance*, CEPS, Brussels.

Buiter, W. (1985), "A guide to public sector debt and deficits", *Economic Policy*, No. 1, pp. 14 – 79.

Bussière, M., G. Callegari, F. Ghironi, G. Sestieri and N. Yamano (2011), "Estimating Trade Elasticities: Demand Composition and the Trade Collapse of 2008 – 2009", NBER Working Paper, No. 17712, National Bureau of Economic Research, Cambridge, MA.

Cabinet Office (2010), "Economic and Fiscal Projections for Medium to Long Term Analysis", National Policy Unit, Government of Japan.

Cabrillac, B. and P. Jaillet (2011), "Coordination internationale et sortie de crise – Quel rôle pour le G20?", *Revue d'économie financière*, No. 103 (32011).

Celasun, O. and M. Sommer (2010), "The financing of U. S. federal budget deficit", Country Report No. 10/248, International Monetary Fund, Washington, D. C.

Checherita, C. and P. Rother (2010), "The impact of high and growing government debt on GDP growth: an empirical investigation for the euro area", Working Paper, European Central Bank, Frankfurt.

Congressional Budget Office (2011), "The budget and economic outlook: an update", Washington, D. C. , August.

—— (2012), "The 2012 Long – Term Budget Outlook", Report, Washington, D. C. , June.

—— (2013), "The Budget and Economic Outlook: Fiscal Years 2013 to 2023", Report, Washington, D. C. , February.

Danielsson, J. and H. S. Shin (2002), "Endogenous risk", Financial market Group Mimeo, London School of Economics, London.

De Grauwe, P. (2010), "The return of Keynes", *International Finance*, Vol. 131.

Eichengreen, B. , R. Feldman, J. Liebman, J. von Hagen and C. Wyplosz (2011), *Public Debts: Nuts, Bolts and Worries*, Centre for Economic Policy Research, London.

Eichengreen, B. and P. Garber (1991), "Before the accord: US monetary – financial policy, 1945 – 1951", *Financial markets and financial crisis*, NBER, R. Glenn Hubbard, Chicago, IL: University of Chicago Press.

Escolano, J. (2010), "A practical guide to public debt dynamics, fiscal sustainability, and cyclical adjustment of budgetary aggregates", Technical Notes and Manuals, International Monetary Fund, Washington, D. C.

European Commission (2009), "The 2009 Ageing Report: Economic and budgetary projections for the EU – 27 Member

States（2008 - 2060）", *European Economy* 2/2009.

European Commission（2012）, "The 2012 Ageing Report: Economic and budgetary projections for the 27 EU Member States（2010 - 2060）", *European Economy* 2/2012.

Gordon, B. （1987）, "National debt", *The New Palgrave: A Dictionary of Economics* 1st edition, John Eatwell, Murray Milgate and Peter Newman（eds）, Palgrave Macmillan.

Gros, D., C. Alcidi, A. Brender and F. Pisani （2010）, "The future of the global reserve system", in Jeffrey D. Sachs, Masahiro Kawai, Jong - Wha Lee and Wing Thye Woo （eds）, *The future global reserve system - an Asian perspective*, Asian Development Bank, Manila.

Guajardo, J., D. Leigh and A. Pescatori （2011）, "Expansionary austerity: new international evidence", Working Paper, International Monetary Fund, Washington, D. C.

Horioka, C. Y., W. Suzuki and T. Hatta （2007）: "Aging, Savings, and Public Pensions in Japan", Discussion Paper, Institute of Social and Economic Research, Osaka University, Osaka.

International Monetary Fund （2011a）, "Japan: 2011 Article IV Consultation - Staff Report", Country Report, No. 11/181, Washington, D. C.

International Monetary Fund （2011b）, "Shifting Gears, Tackling Challenges on the Road to Fiscal Adjustment", *Fiscal Monitor*.

Japan Center for Economic Research （JCER）（2011）,

"Update of the 37th Medium Term Forecast for the Japanese Economy".

Kocieniewski, D. (2011), "U. S. Business Has High Tax Rates but Pays Less", *New York Times*, 2 May.

Lav, I. J. and E. McNichol (2011), "Misunderstandings regarding state debt, pensions, and retiree health costs create unnecessary alarm", Center on Budget and Policy Priorities, Washington, D. C.

Macaulay, T. B. (1871), *The history of England from the accession of James II*, Vol. IV, Philadelphia, PA: J. B. Lippincott & Co.

Markle, K. S. and D. A. Shackelford (2010), "Cross – country comparisons of corporate income taxes", University of North Carolina, Chapel Hill, NC.

Munnell, A., J – P Aubry and L. Quinby (2010), "The impact of public pensions on state and local budgets", Center for Retirement Research, Boston College, Boston, MA.

National Institute of Population and Social Security Research (NIPSSR) (2011), *Social security in Japan*.

Pisani – Ferry, J. (2011), *Le réveil des démons : la crise de l' euro and comment nous en sortir*, Paris: Fayard.

Reinhart, C. and K. Rogoff (2010): "Growth in a Time of Debt", *American Economic Review*, 100 (2), pp. 573 – 578.

Reinhart C. and B. Sbrancia (2011): "The liquidation of government debt", NBER Working Paper, No. 16893, National Bureau of Economic Research, Cambridge, MA.

Reischauer, R. D. (1993), Statement. before the subcommittee on legislation and national security committee on government operations, US House of Representatives, CBO testimony, 13 May.

Schumpeter, J. (1954), *A history of economic analysis*, London: Allen and Unwin.

Shin, H. S. (2011), "Global Banking Glut and Loan Risk Premium", 2011 Mundell – Fleming Lecture, delivered at the 2011 IMF Annual Research Conference, Washington, D. C.

Sinn, H. W. and T. Wollmershäuser (2011), "Target Loans, Current Account Balances and Capital Flows: The ECB's Rescue Facility", Working Paper, No. 3500, CES Ifo.

Spaventa, L. (1987), "The growth of public debt: sustainability, fiscal rules and monetary rules", IMF Staff Paper, International Monetary Fund, Washington, D. C.

Suzuki, W. and Y. Zhou (2010), "Increasing National Pension Premium Defaulters and Dropouts in Japan", Discussion Paper, Center for Intergenerational Studies, Institute of Economic Research, Hitotsubashi University.

Wolf, M. (2010), "Why plans for early fiscal tightening carry global risk", *Financial Times*, 17 June.

作者简历

安东·布朗代（Anton Brender）毕业于巴黎第一大学，获经济学博士学位，在巴黎第一大学就职；曾任法国政府智库国际情报与展望研究中心（CEPII）主任；1993年起与弗洛朗丝·皮萨尼合作，发表了大量关于金融全球化和美国经济的文章；著有《全球失衡与全球化金融的崩溃》（欧洲政策研究中心2010年出版）。

弗洛朗丝·皮萨尼（Florence Pisani）毕业于巴黎多菲纳大学，获经济学博士学位，目前在该校任教。

埃米尔·加尼亚（Emile Gagna）毕业于巴黎多菲纳大学，获应用数学及社会科学专业硕士学位，目前在巴黎的一家资产管理公司任职。